Viladevall i Valldeperas, Montse; Llacay i Pintat, Toni
Héroes y heroínas. Un mundo de pasiones, Montse Viladevall i Valldeperas y Toni Llacay i Pintat
—2ª ed. —Madrid : Oxford, 2011
200 p. ; 20 cm.— (El árbol de la lectura. Serie juvenil ; 16)
ISBN: 978-84-673-5484-3
1. Mitología griega 2. Fantasía I. Llacay i Pintat, Toni
087.5 : 821.134.2-3

Héroes y heroínas: un mundo de pasiones

OXFORD
UNIVERSITY PRESS

Oxford University Press es un departamento de la Universidad de Oxford.
Como parte integrante de esta institución, promueve el objetivo
de excelencia en la investigación y la educación a través de
sus publicaciones en todo el mundo.

Publicado en España por Oxford University Press España S. A.
Parque Empresarial San Fernando, Edificio Atenas
28830 San Fernando de Henares (Madrid)

Primera edición: julio 2010
Segunda edición: septiembre 2011

ISBN: 978-84-673-5484-3
Depósito legal: M-37815-2011
Impreso en España por Orymu, S. A.

Diseño: Gerardo Domínguez

Montse Viladevall i Valldeperas
Toni Llacay i Pintat

Héroes y heroínas: un mundo de pasiones

EL ÁRBOL
DE LA LECTURA

Dicen que los héroes y las heroínas se materializan cuando una sociedad cierra los ojos y se dispone a soñar. Los escritores son los encargados de poner sobre el papel aquello que la sociedad admira y desea de forma inconsciente.

A primera vista, los héroes y las heroínas nos sorprenden por el mundo de pasiones en que se mueven.

¡La ira! Desde que matan a su gran amigo Patroclo, el héroe Aquiles ya no tiene pensamiento alternativo a la venganza más terrible. Y con una crueldad inexorable, la ejecuta hasta las últimas consecuencias.

¡El patriotismo! Cuando Ifigenia llega al Áulide vestida de novia para casarse con un gran héroe, es capaz de sobreponerse a la mentira de la boda y aceptar, incluso de buen grado, que corten su hermoso cuello para que los barcos de su padre puedan zarpar hacia la incierta aventura de Troya.

¡La ambición! Jasón obvia los altamente cuestionables métodos de su esposa Medea para conseguir todo lo que exigen sus ansias de poder y nunca se siente satisfecho con lo que posee.

¡Qué laberinto de pasiones! La furia extrema, el patriotismo que va más allá de la vida misma, la ambición desmesurada... ¿Eran ellas las que turbaban a la antigua Grecia cada vez que cerraba los ojos? ¿Eran ellas lo que tanto admiraban los griegos de sus héroes?

¡No! O en todo caso, no solo ellas. Existía una pasión que realmente quitaba el sueño a los griegos, una pasión que ahora nos parece ajena, pero que está en la esencia de todo. Los griegos la llamaban «virtud» y esperaban que todos los seres a quienes consideraban superiores estuvieran en mayor o menor grado impregnados de ella.

La «virtud» era esa fuerza invisible e indestructible que hacía que el héroe fuera valiente cuando era preciso, que lo impulsaba a luchar y a vencer y también a destacar sin concesiones sobre el resto.

Aquiles y Odiseo podrían ser dos de las caras de la virtud. Aquiles era un guerrero nato; por sus venas circulaba la guerra y consagró su vida a la gloria. Por las venas de Odiseo corría la astucia. ¿Era una evolución de Aquiles? ¿Era el producto de una sociedad que estaba cambiando y que ya no pensaba tanto en la fuerza y en el valor temerario como en la astucia y la inteligencia? ¡Por supuesto!

Y aquella sociedad continuó cambiando. Pero cuanto habían soñado los clásicos se mantuvo presente de una u otra manera en todas las sociedades que se sucedieron. Y desde entonces, cuando los escritores se ponen a plasmar lo que sus sociedades admiran y desean, tal vez involuntariamente, continúan dando vida a los mismos héroes incombustibles.

Jasón, el ambicioso

Los dioses lo amaban: joven, inteligente, atractivo, prudente... Surgió de la nada para convertirse en el gran jefe que lideraría el grupo de héroes más numeroso que nunca se había conocido, los llamados argonautas, en la búsqueda del vellocino de oro. Los dioses, sin que él lo supiera, le concedieron un instrumento infalible para conseguir todo aquello que ambicionaba: la apasionada Medea. Ella, sin ningún escrúpulo, utilizó sus hechizos para hacer realidad cada uno de los deseos de Jasón y él aceptó toda su maldad, perversión y crueldad como un trámite más para conseguir la gloria. Pero, en la misma medida que Medea sentía una pasión inagotable por él, Jasón sufría una ambición más inagotable todavía y un día creyó que podía dejar atrás a Medea.

El rey usurpador

Pelias se sentía inquieto por su futuro. No le faltaban razones. Las cenizas del rey muerto todavía no reposaban en su tumba y él ya había usurpado el trono de la ciudad de Yolco al heredero legítimo, su propio hermanastro Esón. Para calmar sus ánimos, decidió consultar el oráculo*, y este hizo la siguiente profecía*:

—Desconfía del hombre que calce una sola sandalia.

El rey Pelias nunca supo que su sentencia estaba escrita y que su muerte ya había sido programada desde las más altas esferas. No porque hubiese robado miserablemente una corona, sino porque tenía una cuenta pendiente con la vengativa diosa Hera.

Con una sonrisa perversa, Hera observaba cómo Pelias, ajeno al terrible final que le esperaba, bajaba por la escalera del templo y estrenaba la costumbre de mirar el calzado de todos los que se acercaban a él.

Jasón escapa de la muerte

Los designios fatales de Hera se habían puesto en marcha en el propio entorno del rey Pelias. En aquel mismo instante, su hermanastro Esón, el heredero legítimo del reino, intentaba calmar a su mujer, que acababa de romper aguas y se retorcía de dolor a causa de las contracciones del parto inminente. Ella le dijo con firmeza:

—¡Esón! Rápido, manda llamar a mis parientes más cercanos. Nuestro hijo está a punto de nacer.

La familia llegó en seguida, y siguiendo las instrucciones de la astuta partera, sus miembros comenzaron a gemir a pleno pulmón. Sus gritos tenían un único objetivo: apagar el primer llanto del recién nacido. Así harían creer al rey Pelias que el niño había nacido muerto y le escamotearían el placer de matarlo él mismo.

Cuando la puerta de la habitación se abrió de golpe, los lamentos de los familiares subieron de intensidad. Una mujer salió rápidamente con un bulto en los brazos. Pelias, que esperaba afuera, se inclinó respetuosamente ante lo que imaginaba era un pequeño cuerpo sin vida y sonrió tranquilo: Esón continuaba sin descendencia.

El niño tan hábilmente sustraído a la muerte fue llevado al centauro Quirón para que lo cuidara y lo educase hasta que fuera adulto. Aunque sus padres le habían dado el nombre de Diomedes, el centauro lo rebautizó como Jasón, que significa «el que cura», y se aseguró de que en su instrucción no faltaran los conocimientos de medicina.

El hombre que calza una sola sandalia

Cuando cumplió veinte años, Jasón se despidió del centauro con un fuerte abrazo y se puso en camino hacia Yolco, decidido a reclamar sus derechos legítimos.

Muy cerca de la ciudad, una anciana a quien nadie hacía caso lo llamó lastimosamente:

—¡Joven! ¡Joven! ¡Ayúdame! Mi edad ya no me permite atravesar sola el río. Y la gente que pasa a mi vera no hace caso de mis súplicas.

¿Cómo podía Jasón negarse a las súplicas de la frágil anciana? La subió sobre su espalda y comenzó a atravesar el río. Pero cuanto más avanzaba, le parecía que la mujer pesaba más, y por si fuera poco, como ella no paraba de moverse, hacía que tropezara a cada paso. El lecho del río era tan fangoso que Jasón acabó por perder una sandalia.

Cuando llegó al otro lado, la anciana le agradeció calurosamente el servicio prestado y se alejó con pasos lentos y dificultosos siguiendo la orilla del río. Y en cuanto lo perdió de vista, no pudo reprimir más las carcajadas. ¡Era la propia diosa Hera, que se había disfrazado de anciana para conseguir que Jasón perdiese la sandalia!

Pelias reconoce a Jasón

Jasón era un chico alto, de pelo largo y cuerpo musculoso. Pero no llamaba la atención por su belleza, que era mucha, sino por su extraña indumentaria. Además de vestir una sola sandalia, hecho ya de por sí curioso, el héroe se había agenciado una túnica de cuero ajustada que resaltaba su cuerpo poderoso y se protegía con una espléndida piel de leopardo.

Con paso seguro entró en la ciudad de Yolco y se dirigió directamente hacia la plaza mayor, donde —¡oh, casualidad!— el rey Pelias presidía una celebración religiosa en compañía de los reyes de las regiones vecinas.

La mirada del rey pasó rutinariamente por el calzado de aquel joven extraño. Y, de repente, la sorpresa lo enmudeció. ¡Solo llevaba una sandalia!

Se había preparado para aquel momento una y mil veces. Sin embargo, al ver que se materializaba, se sintió inseguro. Dejando el ritual en suspenso, se dirigió hacia el forastero bruscamente:

—¡Di ahora mismo quién eres y cómo se llama tu padre!

Los otros reyes murmuraban sorprendidos ante la interrupción. El joven no se inmutó:

—Mi padre adoptivo, el centauro Quirón, me llamaba Jasón. Sin embargo, fui bautizado con el nombre de Diomedes, hijo de Esón.

Pelias se quedó lívido. Se levantó un murmullo general de alarma. Entonces, el rey preguntó a Jasón:

—Dime, forastero, ¿qué harías si un oráculo te anunciara que uno de tus conciudadanos está destinado a destronarte?

Jasón lo miró desconcertado, pero la diosa Hera, que velaba por que todo fuera como ella esperaba, llevó a sus labios las siguientes palabras:

—Lo enviaría a Cólquide a buscar el vellocino de oro*.

—Entonces, forastero, entérate de que estás hablando con el rey Pelias, que ostenta la corona y el trono de Yolco.

Jasón continuó impertérrito:

—Pues precisamente a ti te buscaba para reclamarte el trono que usurpaste a su heredero legítimo, mi padre Esón.

Si este acontecimiento hubiera sucedido en otro contexto espacial y temporal, Pelias se hubiera librado de Jasón sin más preámbulos. Pero, por desgracia para él, tenía como testigos a los principales reyes del lugar. Y también por desgracia para él, los reyes presentes estaban de acuerdo en que debían ser respetados los derechos de nacimiento de Jasón.

Sin escapatoria posible, Pelias dijo:

—Serás rey, entonces, cuando me traigas el vellocino de oro.

A simple vista, Jasón había caído en su propia trampa y ahora se vería obligado a viajar en busca del vellocino de oro. Sin embargo, todo formaba parte de los fríos planes de Hera. La cruel diosa había planificado este viaje para que Jasón fuera a buscar el arma infalible que acabaría con la vida de Pelias de la manera más horrenda que se pueda imaginar.

La historia del vellocino de oro

Jasón estaba tranquilamente sentado a la mesa de uno de los reyes que habían sido testigos de lo sucedido y que, además, era tío suyo.

—No sé cómo se me ha ocurrido decirle algo así a Pelias. ¡Si ni siquiera había oído hablar del vellocino de oro!

El rey sonrió y afirmó:

—A veces son los dioses* quienes nos ponen palabras en la boca sin que nos demos cuenta. Quién sabe qué designios divinos te llevarán hacia Cólquide.

—¿Tú conoces la historia del vellocino de oro?

—Hace muchos años, el rey Atamante repudió a su mujer para casarse con Ino. A pesar de ser la esposa legítima, Ino continuaba sintiendo unos celos extremos hacia los hijos que Atamante había engendrado con su ex mujer. Eran un niño y una niña, Frixo y Hele. Para deshacerse de ellos, Ino consiguió que todos creyeran que el oráculo de Delfos exigía que fueran sacrificados por el bien del país. Así que Atamante, que no destacaba por su inteligencia, llevó a los niños a la montaña para matarlos, pero cuando estaba a punto de consumar el ritual apareció volando un carnero dorado que dijo a Frixo: «¡Sube a mi grupa y te ayudaré a escapar!».

»Frixo saltó sobre él y el carnero hubiera emprendido el vuelo si la pequeña Hele no hubiese gritado desesperada: "¡Frixo, no dejes que muera a manos de nuestro padre!".

»De poco le sirvió a Hele escapar porque, cuando volaban sobre el mar, resbaló del lomo del carnero y murió ahogada. En su recuerdo, aquel mar se llama hoy Helesponto. Frixo consiguió llegar sano y salvo a Cólquide, donde el rey Eetes lo recibió con todos los honores y lo casó con su hija.

Jasón escuchaba a su tío con gran atención.

—¿Y qué ocurrió con el carnero?

—Frixo lo sacrificó a Zeus* y ofreció el vellocino de oro al rey Eetes, que lo clavó en una encina sagrada.

—No entiendo, entonces, cuál es su importancia.

—Dicen que, a pesar de que Frixo pasó toda su vida en Cólquide, su deseo era regresar a Yolco. Parece ser que su alma no tendrá reposo hasta que no sea escoltada, junto con el vellocino de oro, de vuelta al lugar que lo vio nacer. Ya ves, Jasón, qué difícil es distinguir entre los designios de los dioses y los de los hombres.

—Sí, tío, mañana mismo enviaré mensajeros a todas las regiones de Grecia en busca de voluntarios que me acompañen en esta gran empresa.

Su tío lo miró con admiración y dijo:

—Que así sea.

El *Argo* y los argonautas

La llamada de Jasón sacudió el mundo de los héroes* griegos. Todos querían participar en aquella expedición.

El héroe Argo construyó la nave que los llevaría y le puso su propio nombre, *Argo*, que también significa «rápida». La nave, que contaba con cincuenta remos para dar cabida a la masificación de héroes que querían embarcarse, había sido construida con madera del monte Pelión. Su proa, sin embargo, provenía de un fragmento de la encina profética del bosque sagrado de Zeus. La propia diosa Atenea*, que miraba con buenos ojos a Jasón, la había cortado. Por eso la nave podía hablar igual que un ser vivo.

Se han confeccionado muchas listas de la tripulación, la mayor parte irreconciliables entre ellas. A todo aquel grupo de héroes se les conoció como los «argonautas»*, en honor del navío que tripulaban. Parece ser que nunca en la historia de la mitología se había producido ni se produciría una concentración tan grande de héroes por metro cuadrado.

La nave *Argo* fue botada en el mismo lugar donde había sido construida, Págasas, en medio de una gran expectación. Una multitud se había reunido para despedirla. Y cuando estaban a punto de soltar las amarras, llegó el héroe de los héroes, Heracles, entusiasmado por la empresa.

La nave *Argo* protestó porque se sentía incapaz de soportar el peso de Heracles, pero no le sirvió de nada. Heracles estaba decidido a ser un argonauta y saltó a su interior. Por suerte, la nave no se hundió.

Las apasionadas mujeres de Lemnos

Cuando todavía no había despuntado el alba, la nave *Argos* abandonó el puerto de Págasas con Lemnos como primera escala en el camino. Al llegar a la isla, una mensajera de la reina los invitó a palacio. Entraron en la ciudad y les sorprendió no ver hombres por ninguna parte. Solo había mujeres y más mujeres, que les sonreían y les enviaban besos a distancia. Algo comenzó a alterarse peligrosamente dentro de los corazones valerosos de aquellos hombres que iban en busca de gloria y aventuras.

Jasón se presentó ante la reina y quedó admirado por su extraordinaria belleza. Una vez hechas las presentaciones, Jasón formuló, con toda la cortesía del mundo, la pregunta que perturbaba su calma:

—Señora mía, desde que he puesto el pie en tu ciudad, un interrogante planea en mi mente y, sin ánimo de ofender, querría pedirte la respuesta.

Ella se ruborizó delicadamente y dijo:

—Ya sé qué te ha causado curiosidad. El hecho de que no haya hombres en nuestra isla. —Con un gesto de tristeza continuó—: Nuestros hombres nos maltrataban. Y las mujeres aguantábamos y aguantábamos, pero al final nos rebelamos y los expulsamos. Quién sabe dónde están y a qué mujeres torturan con su crueldad.

Eso era pura ficción. En realidad, como las mujeres de Lemnos no prestaban la atención que la diosa Afrodita* consideraba aceptable, esta se había vengado de ellas obsequiándolas con un hedor insoportable. Los hombres del lugar buscaron la solución fácil y las abandonaron para dormir con las esclavas. Y entonces, las esposas legítimas tomaron las armas y procedieron a eliminarlos uno por uno. No hay constancia de cómo ni cuándo desapareció el hedor que les había enviado Afrodita, pero de lo que no cabía duda era de que el día en que llegaron los argonautas todas olían a rosas.

Mientras hablaba, la reina se había levantado del trono y había dado a Jasón el tiempo necesario para que admirara las bellas formas de su cuerpo.

—Ahora nos faltan hombres y necesitamos un rey. El peso de la corona es excesivo para una sola persona.

La joven inició una maniobra de acercamiento que la situó a pocos centímetros de Jasón.

—Tal vez tú, que eres un gran héroe…

Con su mano acarició la mejilla de Jasón. Él intentó detenerla sin mucha decisión.

—Aceptaría de buen grado tu súplica, reina. Sin embargo, antes he de cumplir la misión de recuperar…

Prácticamente no acabó la frase porque, inexplicablemente, sus labios se vieron interrumpidos por otros labios. Y no supo ofrecer más resistencia ante ese ataque.

Lo mismo sucedió al resto de hombres. La sala de palacio se había ido llenando de mujeres hermosas que los rodeaban y los seducían. Cada héroe tenía, como mínimo, tres chicas acariciándole, riendo absurdamente y llevándoselo hacia su terreno.

Y ahí hubiese acabado la historia del vellocino de oro, con todos los argonautas embarcados en la gratificante tarea de dar a la estirpe de Lemnos una nueva raza fuerte y valiente, de no ser porque Heracles, que se había quedado vigilando la nave *Argo*, se cansó de la espera y se dirigió a la ciudad. Comenzó a dar golpes en la enorme puerta con su maza mientras gritaba:

—¡Argonautas! ¡Responded de una vez! ¡La nave *Argo* os llama impaciente para regresar al mar!

Contra sus deseos, los argonautas volvieron a la nave y se pusieron de nuevo en camino.

El duelo entre Jasón y Heracles

Cuando ya llevaban muchos días navegando y se acercaban a Misia, Heracles tuvo una «gran idea»:

—¡A ver quién aguanta más tiempo remando!

Se sucedieron horas y horas de esfuerzo, aliviadas apenas por las canciones del héroe Orfeo, que tocaba la lira con insuperable maestría. Pero aquella ocupación era tan dura que, uno a uno, los remeros iban desistiendo. Cuando ya estaban a punto de llegar a Misia quedaban solamente Heracles y Jasón. Todos los tripulantes del navío observaban en silencio el esfuerzo extraordinario de aquellos dos hombres fortísimos. De repente, Jasón no resistió más y cayó desmayado. El triunfo se lo llevó Heracles, cuya fuerza era tan ostentosa que incluso partió su remo.

Una vez en tierra, mientras se realizaban los preparativos de la cena, Heracles fue a buscar un árbol que le sirviera para hacerse otro remo nuevo. Arrancó de raíz un abeto y, al arrastrarlo de vuelta, oyó que alguien lo llamaba desde la orilla del lago:

—¡Heracles! Hace un momento tu escudero pedía auxilio, pero cuando he llegado al estanque no he visto señales de lucha con animales ni con enemigos, solo su cántaro de agua abandonado.

Heracles, que sentía devoción por aquel muchacho, dejó el árbol inmediatamente y comenzó a buscarlo. Y así pasó toda la noche el héroe, sin saber que nunca lo encontraría porque las ninfas del lago lo habían raptado para que viviera eternamente con ellas.

Cuando llegó el amanecer, los argonautas levantaron el campamento y, prontos a embarcar, comenzaron a llamarlo. El eco de sus gritos resonaba por todas las montañas. Pero ni el héroe ni su escudero dieron señales de vida.

Jasón, cansado de esperar, ordenó que el barco zarpara. Esta controvertida decisión molestó a muchos argonautas.

—Jasón, no eres justo. ¡Esta es tu manera de vengarte de Heracles porque te ganó en la competición de remo!

Sin embargo, Jasón hizo oídos sordos y la nave zarpó abandonando a Heracles en Misia.

Los consejos del rey Fineo

La nave *Argo* continuó hasta Salmidesos, donde vivía el rey Fineo. Los argonautas esperaban que él fuera capaz de guiarlos hasta Cólquide, pero el rey no mostró demasiado interés por el tema, hecho comprensible si tenemos en cuenta que estaba a punto de perecer por inanición. Parece ser que había molestado al Olimpo* con sus actividades adivinatorias y los dioses lo habían castigado dejándolo ciego. Y por si eso fuera poco, también le enviaron tres demonios alados que, en el momento en que colocaba la comida sobre la mesa, tomaban los mejores bocados y ensuciaban el resto con sus deyecciones.

El rey adivino puso como condición para aconsejarlos que lo liberasen de aquellos monstruos. Así que los héroes esperaron a que la mesa estuviera puesta para el banquete y, cuando aparecieron los diablos, los dos hijos del dios del viento, que tenían alas, desenvainaron las espadas y comenzaron a perseguirlos hasta que, agotados, los perversos seres accedieron a dejar tranquilo a Fineo.

Muy reconfortado, Fineo explicó a los argonautas lo que les estaba permitido conocer. Y antes de que la nave zarpara, dio un claro consejo a Jasón:

—Cuando hayas llegado a Cólquide, confía en Afrodita.

Las Rocas Azules

Uno de los mayores peligros que había mencionado Fineo eran las Rocas Azules, unas rocas aterradoras, perpetuamente rodeadas de una espesa niebla marina, que guardaban la entrada del Bósforo. Cuando un navío intentaba pasar entre ellas, se unían y lo aplastaban. Fineo les había dicho: «Si soltáis una paloma y esta atraviesa las rocas con éxito, haced cruzar el barco a toda velocidad entre ellas porque vosotros correréis la misma suerte que el pájaro. Pero si la paloma muere aplastada, desistid de vuestra empresa porque los dioses se oponen a ella».

Por eso, cuando avistaron las Rocas Azules, dejaron libre la paloma. Los argonautas apretaban con fuerza los remos en las manos. El silencio era absoluto; la tensión, máxima. La paloma se elevó y dirigió su vuelo hacia las rocas amenazadoras. El bajel la seguía a distancia. El animal consiguió atravesar todo el estrecho y solo en el último instante las rocas se cerraron con estrépito y atraparon algunas plumas de su cola.

Cuando se abrieron de nuevo, Jasón gritó:

—¡Adelante!

Y todos se pusieron a remar con furia porque la vida les iba en el intento. El héroe Orfeo, con su lira, marcaba la acelerada cadencia de los remos. Cuando la nave, que parecía tener alas de tanta fuerza con que la impulsaban, llegaba al final del recorrido, las rocas se cerraron de improviso, pero solo se apoderaron del ornamento de la popa. Entonces se volvieron a abrir y nunca más se movieron. Se había cumplido una profecía que afirmaba que, si alguna vez un barco conseguía atravesarlas, quedarían abiertas para siempre.

El favor de Afrodita

Arriba, en el Olimpo, las diosas Hera y Atenea discutían acaloradamente sobre cómo ayudarían a su amado Jasón a conseguir el vellocino de oro. Al final decidieron utilizar a Medea, la propia hija de Eetes, el rey de Cólquide, y de inmediato suplicaron a Afrodita que se encargara de que Medea se enamorara de Jasón.

¡Poco pensaba la joven Medea que aquella sería la última vez que bajaría por la escalera de palacio alegre y sin preocupaciones para ir a recibir a unos recién llegados! Pues, en cuanto entró en la enorme sala del trono, una flecha de amor se clavó profundamente en su pecho. Y, al ver a aquel extranjero alto y musculoso, de melena larga y rostro viril, una pasión desbordante la embargó.

Jasón, que era el forastero, la observó amable y le dirigió una sonrisa. Medea sintió que el recorrido de su mirada iba quemando su piel. Tal era la pasión que había comenzado a consumirla.

Mientras, el rey Eetes escuchaba con atención las peticiones de los tripulantes de la nave *Argo*. Aunque ni por un momento se le pasó por la cabeza darles el vellocino de oro, respondió cortésmente:

—De acuerdo, Jasón. No me niego a cederte el vellocino. Unce los toros de Hefesto*, labra la tierra con ellos, siembra los dientes del dragón y el vellocino será tuyo.

Medea retrocedió aterrorizada. ¿Cómo podía su padre enviar a un hombre «como aquel» a una misión «como aquella», una misión imposible que lo conduciría directo a la muerte? Toda ella comenzó a temblar y a duras penas fue capaz de llegar a su habitación.

Su corazón se debatía violentamente entre dos frentes: por un lado, el amor de la hija hacia el padre y el amor de la ciudadana hacia su ciudad; por otro, la intensa, furiosa, desbordante pasión que había nacido en su pecho por aquel forastero. Su mente, hábilmente enturbiada por Afrodita, no la decepcionó: eligió a Jasón.

Medea, pues, se dispuso a ayudar al héroe. Recursos no le faltaban. Era una hechicera aventajada. Sin embargo, como se había vuelto loca de pasión pero no había perdido el seso, exigió a Jasón que cuando obtuviera el vellocino de oro se casase con ella y que, ante los dioses, jurase fidelidad eterna. Y Jasón, que todavía no daba crédito a su buena suerte, aceptó e hizo un juramento que más adelante arruinaría su vida.

LAS TRES PRUEBAS

Poco después, Jasón se enfrentó a los toros que el dios Hefesto había construido para el rey Eetes. Eran dos artefactos terribles, con pezuñas de bronce, que expulsaban fuego por los orificios de la nariz. Incluso su respiración iba incendiando la hierba a su paso.

Para que fuese invulnerable al fuego de los monstruos, Medea lo había ungido con una loción creada por ella misma. Así que, una vez descartado el peligro del fuego, uncir los toros en el yugo que nunca habían probado no fue más que cuestión de fuerza, que Jasón superó sin problemas. El rey Eetes tiró al suelo la copa en que bebía cuando el joven héroe salió victorioso de aquella primera prueba. Los argonautas, enfervorizados, estallaron en aplausos.

Jasón obligó a los toros furiosos a labrar la tierra durante todo el día y, cuando ya caía la noche, sembró los dientes del dragón.

Aquellos dientes, que la diosa Atenea había entregado a Eetes, pertenecían al antepasado del rey que había matado al dragón. Después de matarlo, sembró los dientes del animal y de estos surgieron unos hombres prodigiosos, completamente armados y dispuestos a luchar. Desconcertado, al verdugo del dragón solo se le ocurrió tirarles piedras y, como los hombres no sabían quién los atacaba, acabaron peleándose entre ellos y casi exterminándose.

Cuando Jasón acabó de sembrar los dientes y se quedó de pie, esperando, todos contuvieron la respiración. La propia Medea sentía que el corazón se le desbordaba. Tenía escalofríos y un miedo intenso de que sus consejos no fueran suficientes para dar la victoria a Jasón.

De repente, la tierra comenzó a abrirse y donde el héroe había enterrado los dientes surgieron unas formas extrañas que iban metamorfoseándose hasta adquirir la proporción de hombres gigantes. Nacían armados y buscaban un enemigo para batirse.

Medea palideció al ver a Jasón solo ante aquellos combatientes tan extraordinarios. Le fallaron las fuerzas y se desplomó en una silla mientras sentía que la sangre abandonaba sus venas. Sin embargo, Jasón siguió los consejos de la joven hechicera y les tiró piedras para que iniciasen una disputa entre ellos, tal como había sucedido tantos años antes. Jasón ni siquiera precisó desenvainar la espada. Los hombres sembrados, que era como se les conocía, acabaron en poco tiempo los unos con los otros.

Cuando el sangriento espectáculo llegó a su fin, los argonautas estallaron de nuevo en aplausos y gritos de alegría. El rey Eetes no compartía esta emoción, y con el odio dibujado en su rostro, advirtió a Jasón que se olvidase del vellocino y huyese antes de que le quemara la nave *Argo*.

Sin embargo, el rey Eetes también perdió esa batalla, y fue a causa de la adoración que sentía por su hija Medea. Ya era demasiado tarde cuando se dio cuenta de que ella lo había traicionado.

Jasón obtiene el vellocino de oro

Medea condujo a Jasón y a los argonautas hasta el bosque sagrado donde un dragón enorme que no dormía nunca guardaba el vellocino de oro. Era un monstruo de mil anillos, más grande que la misma nave *Argo*. Poseía tres lenguas gigantescas y unos dientes enormes.

Jasón lo roció con el jugo de una hierba del río del Olvido que corre en el Infierno* y, siguiendo los consejos de la hechicera, pronunció tres veces un hechizo que provocaba una inconsciencia plácida, capaz de aplacar un mar agitado o un río impetuoso. Entonces, el sueño ganó a aquellos ojos que nunca lo habían conocido antes.

Jasón descolgó con cautela el vellocino de la encina y todos corrieron hacia la playa donde estaba atracado el *Argo*.

La sangrienta huida

Cuando el héroe subía triunfante al navío, cargando con el vellocino de oro, se dio cuenta de que Medea no estaba sola: llevaba de la mano a su pequeño hermanastro. Jasón, desconcertado, le dijo:

—¿Quién es ese?

Medea sonrió a la luz de la luna y, con una voz misteriosa, dijo:

—Es nuestro salvoconducto.

El héroe se limitó a encogerse de hombros y dar las órdenes para que el *Argo* zarpase.

Los barcos del rey Eetes también se habían puesto en marcha y parecían prontos a alcanzarlos. Entonces, Medea, que debía de pensar que en el amor y en la guerra todo vale, tomó al niño que iba con ella, lo mató y lo tiró al mar sabiendo que su padre, el rey Eetes, detendría la persecución para recuperar su cadáver y enterrarlo.

El perverso ardid molestó mucho a Zeus, que envió una furiosa tempestad contra la nave y la apartó de su camino. Al final, la proa de la nave *Argo*, la que había sido tallada en madera profética y podía hablar, comunicó a los argonautas que solo Circe, la tía de Medea, que también era hechicera, podría purificarlos después del crimen cometido. Así pues, el *Argo* se desvió de su camino para dirigirse a la isla donde vivía Circe. Y la hechicera cumplió con el ritual de purificación* sin permitir que los argonautas pusieran el pie en tierra. ¡Tanta prisa tenía por verlos lejos!

El canto de las Sirenas

La nave continuó su camino y se acercó al mar de las Sirenas*. Los argonautas no tardaron en oír su canto lejano.

Las Sirenas, que eran mitad mujer, mitad pájaro, llegaban volando mientras entonaban perversas canciones. Su música, fatalmente seductora, hacía que los hombres no pensaran en otra cosa que en seguirlas. Una vez que se habían apoderado de las mentes de los marineros, las Sirenas conducían los bajeles hacia la costa abrupta y dejaban que se estrellaran contra las rocas. Después atrapaban a aquellos incautos humanos y los devoraban.

Los argonautas ya comenzaban a oír la música cautivadora cuando, de pronto, unos acordes mil veces más placenteros para el corazón y para el oído distrajeron su atención. Eran la lira y la voz extraordinarias de Orfeo.

Orfeo luchó contra las Sirenas con sus propias armas y ganó la batalla. De no haber sido el protagonista, años después, de una grande, única y maravillosa historia de amor, esta gesta habría bastado para inmortalizarlo.

La decisión del rey Alcínoo

Aunque el rey Eetes había desistido de la persecución, envió algunos navíos con la orden de que no regresaran sin su hija Medea y el vellocino de oro. Los perseguidores dedujeron que Medea acudiría a su tía Circe para que la purificara y, siguiendo ese presentimiento, acabaron encontrando poco después el *Argo* en la tierra de Corcira.

El capitán de Cólquide se dirigió inmediatamente al palacio del rey Alcínoo y la reina Arete y reclamó que le entregaran a Medea y el vellocino. Alcínoo pidió una noche para tomar una decisión. El capitán asintió con la cabeza, saludó respetuosamente y regresó a su nave.

Horas antes, la astuta Medea se había entrevistado con la reina Arete. Se había presentado a ella improvisando una faceta frágil y desvalida. Cayó de rodillas y apoyó su bellísima cabeza sobre la falda de la reina mientras dejaba que sus ojos se llenaran de falsas lágrimas. Le explicó una versión de sus aventuras que cumplía la afirmación de que «cualquier parecido con la realidad es pura coincidencia». La reina Arete lloró conmovida mientras acariciaba sus mechones sedosos y brillantes, y sintió la necesidad imperiosa de ayudarla. Medea no esperaba menos de ella.

La estrategia de la reina Arete

Cuando el capitán de Cólquide abandonó el palacio, la reina Arete comenzó a lanzar su ariete personal contra su marido, el rey Alcínoo.

—Querido, no sabes qué noticias tan terribles llegan de todas partes sobre los castigos desmesurados de algunos padres a sus hijas rebeldes.

A la hora de la cena, ya le había citado por lo menos treinta casos de hijas desgraciadas.

—¡Oh, Alcínoo! Me olvidaba de la pobre Dánae, encerrada por su padre en una torre y abandonada después con su hijo a una muerte segura en la inmensidad del mar.

Alcínoo no probó la cena. No fue porque se sintiera conmovido por las historias de Arete, sino porque estaba profundamente aburrido. Arete le concedió una pequeña tregua. Pero cuando el rey ya estaba en la cama y cerraba los ojos agradecido por el sueño que se anunciaba cercano... Arete volvió a la carga.

—¡Oh, Alcínoo! No sé si te he hablado de la pobre princesa Métope. Su padre la tiene encerrada en un calabozo. Cuando consiguió capturarla, la cegó con clavos de bronce y ahora la obliga a moler granos de cebada de hierro con un pesado molino. ¿Y sabes qué dice el malvado cuando la visita?

—¿No podrías contármelo mañana por la mañana?

Arete continuó como si no hubiese oído la protesta de su marido:

—Aquel hombre cruel y perverso le dice: «Cuando conviertas esos granos en harina, te devolveré a la vida».

Calló un momento, emitiendo unos cuantos suspiros entrecortados y, cuando estuvo segura de que su marido se había dormido, se sentó de repente en la cama, sacudiéndolo con tal furia que casi lo hizo caer al suelo.

—¡Oh, Alcínoo! ¡No puedes imaginar qué imagen tan terrible ha venido a mi mente al cerrar los ojos! Creo que no podré descansar en toda la noche si no tengo tu favor.

—Querida Arete, tienes todo mi favor, y también tienes mi súplica de que me dejes dormir en paz o ambos pasaremos la peor noche de nuestras vidas.

—Si me dijeses cuál es tu decisión respecto de la pobre Medea, podría cerrar los ojos sin sobresaltos.

Alcínoo, resignado, dijo:

—Si Medea todavía es virgen, volverá con su padre; si ya no lo es, se quedará con Jasón.

Arete esperó a oír otra vez los ronquidos maritales antes de advertir a Jasón de la decisión de Alcínoo. Jasón no perdió el tiempo. Aquella misma noche desposó a Medea.

El triste regreso a Yolco

Las aventuras y desventuras continuaron para los argonautas valientes, que un buen día comenzaron a echar de menos el refugio del hogar. Y como todo tiene un principio y un final, aquel viaje estaba a punto de concluir. Era un atardecer como otro cualquiera, cuando las hojas de los árboles atracaron en Págasas, el puerto desde donde habían partido arropados por los vítores de la multitud.

Nadie salió a recibirlos. Jasón, desconcertado, ordenó a sus hombres que ocultasen la nave *Argo* y se dirigió hacia la casa de un barquero que vivía cerca. Al principio, el barquero no lo reconoció, pues en la región estaban seguros de que los argonautas habían muerto en el intento de conseguir el vellocino de oro.

—No sabes cómo llora mi corazón porque he de ser yo quien te explique lo que ha sucedido durante tu ausencia. Desde hace mucho, únicamente nos llegaban rumores sobre el fracaso de la misión y la muerte de los argonautas. El rey Pelias esperó un tiempo prudencial y después hizo llamar a tus desafortunados padres y al hermano que nunca conocerás porque nació después de tu partida y murió antes de tu llegada.

Pelias estaba decidido a acabar con todo el linaje de Esón. Y cuando Esón supo que iba a morir, pidió un último favor a su despiadado hermanastro: él mismo quería elegir su final. Y así fue: bebió sangre de toro y murió. Pelias entonces dirigió su mirada a la madre y el hijo que se abrazaban al final de la estancia. Tomó al niño y lo mató, con la máxima crueldad, ante los ojos enloquecidos de la madre, que maldijo al sanguinario rey y se quitó la vida clavándose una daga en el corazón.

Jasón vertió amargas lágrimas por su familia. Lleno de odio y de ansias de venganza, convocó a los argonautas para que lo ayudasen a hacer efectiva la maldición. Sin embargo, los argonautas no se decidían. ¡Eran muy pocos contra una ciudad tan poderosa!

Entonces Medea, que, aunque nadie lo sospechara, era el instrumento letal que Hera había elegido hacía muchos años para ejecutar el destino de Pelias, se levantó en medio de la reunión y dijo:

—¡Esperad, argonautas, antes de volver a vuestros hogares para reclutar grandes ejércitos con los que abatir a Pelias! Yo sola os rendiré la ciudad de Yolco. Cuando veáis que una antorcha se agita en el tejado de palacio, sabréis que Pelias ha muerto, que las puertas están abiertas y que podéis tomar la ciudad.

La cruel muerte de Pelias

Gracias a sus habilidades como hechicera, Medea se transformó en una anciana. Acompañada de doce de sus esclavas se dirigió, en plena noche, a la puerta de la ciudad y llamó a los centinelas:

—¡Abrid las puertas al séquito de la diosa Ártemis*!

Los sorprendidos centinelas no se atrevieron a desobedecerla y las mujeres entraron formando una procesión a la que se iba sumando la gente del pueblo. Como si practicaran algún ritual diabólico, fingían convulsiones y se retorcían como en éxtasis.

La extraña comitiva llegó a las puertas del palacio. El rey Pelias se despertó sobresaltado por aquel ruido terrorífico:

—¿Qué quiere de mí la diosa Ártemis? —preguntó temblando de miedo.

Una vez ante él, Medea se transformó de nuevo en la mujer bellísima y poderosa que era.

—Amado rey Pelias, la diosa Ártemis quiere agradecer la atención que has prestado a sus templos y devolverte el don de la juventud ahora que tus miembros ya comienzan a ceder a la edad.

Y para rematar el efecto que producía en el miserable anciano, pidió a Pelias que le trajese el carnero más viejo de todos los que poseía en sus establos. Era un pobre animal, con los ojos llenos de legañas, que apenas se mantenía en pie. Fue descuartizado en trece porciones lanzadas al interior de un enorme caldero donde hirvieron un buen rato.

Medea bailaba y recitaba sus hechizos alrededor del caldero. Mientras la observaba, Pelias sentía crecer en su pecho la lascivia. Medea, dándose cuenta del efecto que causaba en el viejo, se acercó a él, permitiéndose romper todas las distancias de cortesía, y de repente, tras un violento movimiento, volcó el caldero y, en vez de guisado de carnero, de su interior saltó un corderito joven y juguetón.

Entonces Pelias, completamente engañado, consintió en tumbarse en la cama y Medea lo durmió con su magia. Sin embargo, ¡la venganza de Hera debía ser terrible, repulsiva, debía quedar inscrita en los anales de la mitología como una muestra de la crueldad más despiadada!

Medea llamó a las hijas de Pelias y les ordenó que procedieran igual que ella había hecho con el carnero. Con palabras que parecían más escupidas que pronunciadas, las obligó a completar el sacrilegio. Y cuando Pelias ya estaba bien muerto y descuartizado, las envió al tejado del palacio, con antorchas encendidas, para que invocasen a la luna mientras los pedazos hervían dentro del caldero.

Los argonautas ocultos supieron entonces que la promesa de Medea se había cumplido y tomaron la ciudad sin dar oportunidad a sus habitantes a ofrecer resistencia.

Jasón podía haberse convertido en rey de Yolco, pero él ambicionaba un trono más rico, el de Corinto, que podía conseguir gracias a su matrimonio con Medea.

Antes de viajar a Corinto, Jasón visitó Orcómenos, que era el lugar donde había nacido Frixo, el niño que huyó sobre el carnero dorado para que su alma descansara por fin en paz. Allí colgó el vellocino de oro, en el templo de Zeus.

En el puerto de Corinto, su nuevo hogar, encalló para siempre la nave *Argo*.

Jasón rompe su juramento

Corinto era el país de origen de Eetes, el padre de Medea, y sus habitantes aceptaron gustosos a Jasón y Medea como reyes. Casualmente, el rey de Corinto acababa de morir en circunstancias misteriosas. Los diez años que reinaron juntos fueron los más tranquilos de la vida de los dos esposos. Tuvieron siete hijos y siete hijas.

Durante todo aquel tiempo, Medea conservó en su pecho la pasión inagotable hacia el hombre que había llevado a los argonautas hasta Cólquide, pero Jasón, no.

El día que Medea descubrió que su marido tenía nuevos planes en los que ella no estaba incluida, por un momento perdió el mundo de vista. Pero solo por un momento. Su respiración se aceleró y sintió un sudor frío que le bajaba por la espalda. Después ya no notó nada más.

Cuando abrió las puertas de las estancias de Jasón, su belleza oscura y misteriosa brillaba con más fuerza y le daba el aire de una diosa. Al verla, Jasón sintió de nuevo la intensa atracción que Medea despertaba en él y que lo arrastraba siempre hacia donde ella quería tenerlo. Sin embargo, se mantuvo firme. Medea dijo:

—Han pasado diez años desde que llegamos a Corinto, la tierra que vio nacer a mi padre Eetes.

—Sí, Medea.

—Yo conseguí para ti este trono tan rico y preciado.

—Dicen que su legítimo ocupante murió envenenado de forma misteriosa poco antes de tu llegada.

Medea lo miró con una sonrisa irónica.

—Has tardado diez años en preocuparte por ese tema.

—No me gustaría pensar que tú tuviste algo que ver en un asunto tan vil.

Los ojos de la reina ardían de ira.

—¡Posees este trono y este cetro gracias a mí, la descendiente de la estirpe de Eetes!

—Sí, pero con el tiempo los ciudadanos de Corinto han aprendido a sentir más respeto por mí que por ti.

—¡Te he dado siete hijos y siete hijas que harán grande tu nombre! Pero a ti no te parece suficiente.

—No.

Medea se movió rápida y sinuosa como una serpiente y, de pronto, estaba peligrosamente cerca del hombre. Jasón sintió que algo afilado le pinchaba el cuello y se estremeció. Pero no era una daga, sino una de las largas uñas de Medea. Sus rostros estaban a pocos centímetros el uno del otro, sus alientos se encontraron. Jasón se sentía mareado por el intenso perfume que emanaba de la reina. Sin tocarlo, la hechicera lo mantenía inmóvil.

—Me han dicho que quieres repudiarme para casarte con la hija del rey de Tebas.

—Siento que no lo hayas sabido por mí, Medea.

—¿Es que hubieras tenido el valor de decírmelo? Esta unión te dará mucho más poder y riqueza. ¿Es eso lo que realmente quieres, Jasón?

Jasón intentaba deshacerse de aquel abrazo invisible, de aquella proximidad que lo mantenía prisionero. Medea retiró la mirada y dejó que se apartase de ella.

—¿Te sientes atrapado, Jasón? ¿Tienes miedo de mí? ¡Iluso! Es a los dioses a quienes debes temer si rompes el juramento de fidelidad eterna que hiciste. Recuerda que los tomaste a ellos por testigos.

—Aquel juramento no tenía validez porque fue obtenido a la fuerza.

—¿Acaso te forcé, Jasón? En aquellos momentos hubieras regalado tu alma por el vellocino de oro.

Y Medea se echó a reír, y tan grande era la amenaza que se desprendía de su mirada que Jasón casi huyó de aquella estancia. Antes, sin embargo, balbució:

—Ahora ya lo sabes, Medea. Mi decisión ha sido tomada.

La venganza de Medea

La noticia de que Medea había aceptado la nueva situación corrió como la pólvora por el palacio. Más de uno respiró aliviado.

Por increíble que parezca, nadie sospechó nada cuando la esposa repudiada envió a la joven novia un regalo de bodas. Era una larga túnica exquisitamente tejida, acompañada de una espléndida corona de oro.

La hija del rey de Tebas quedó admirada de la belleza de aquellos dos objetos, e incauta e imprudente, se los puso de inmediato.

Todavía no había ceñido su sedosa melena con la corona cuando la túnica se incendió con unas llamas que no se podían apagar. Su padre, que hasta aquel momento la observaba complacido, se lanzó sobre la princesa para ayudarla, pero ella, que ya era prácticamente un cadáver, le abrazó y se lo llevó también al mundo de los muertos.

Mientras, Medea culminaba su venganza. Ella misma mató a algunos de sus hijos y el resto murieron cuando incendió el palacio de Jasón.

Antes de marcharse para siempre, Medea miró por última vez cómo todo lo que había construido durante diez años desaparecía en un instante. Entonces subió al carro de caballos alados que le había regalado su abuelo, el dios Sol, y desapareció.

La muerte de Jasón

Respecto a la vida de Jasón, algunos afirman que los dioses no perdonaron que rompiera su juramento de fidelidad a Medea. Además, su ambición desmesurada había hecho que dejasen de amarlo.

Así que lo condenaron a llevar una vida errante y miserable. Al cabo de mucho tiempo, cuando ya era un viejo acabado, regresó a Corinto y se acercó a la nave *Argo*, que él mismo había embarrancado allí. Sentado a su sombra recordó sus días pasados de gloria. Una gran tristeza lo invadió y ya no deseó seguir viviendo. Tan grande era su dolor que intentó ahorcarse en la proa. Pero el *Argo*, el navío que hablaba, no quiso que el señor de los argonautas tuviera una muerte tan poco honrosa y, con un gran estruendo, se volcó hacia adelante y lo mató.

El dios Poseidón puso entre las estrellas la imagen de la popa de aquella nave excepcional y formó una constelación*, ya que era la única parte que no había participado en el homicidio.

Aracne, la vanidosa

Contempladas con ojos griegos, las mujeres acostumbraban a destacar más por los defectos que por las virtudes. La vanidad, por ejemplo, era muy habitual entre ellas. Aracne pagó muy caro el hecho de creerse más hábil que los dioses.
Su historia no aclara si era mejor o no que la diosa con la que se enfrentó, pero sí deja clarísimo que, por su propio bien, no debería habérselo planteado.

La famosa tejedora

En Lidia vivía una mujer, Aracne, que tejía y bordaba como ninguna otra en el mundo. Era tan hábil y mañosa que su fama se extendió a todos los confines de la tierra. Sin embargo, la envidia, que nunca descansa, hizo correr el rumor de que su talento era fruto de las lecciones que recibía, a escondidas, por parte de Atenea, la diosa de las tejedoras y las bordadoras.

Harta de estos comentarios y convencida de que su don era superior al de cualquier mortal o divinidad, decidió que lo mejor que podía hacer era retar a Atenea. La hija de Zeus, que destacaba por su prudencia, se presentó en la casa de la joven bajo la apariencia de una ancianita.

—Chiquilla, piensa que la modestia y el respeto hacia las divinidades no hacen daño a nadie.

—No sé quién sois, pero será mejor que os marchéis por donde habéis venido si no queréis tener problemas.

Atenea castiga a Aracne

Atenea, herida en su orgullo, recuperó su verdadero aspecto y comenzó a elaborar un tapiz excepcional en el que aparecían las divinidades del Olimpo en todo su esplendor. Atenea jugaba con ventaja, puesto que las conocía de primera mano. En los ángulos del tapiz representó cuatro escenas en las que se apreciaba de forma clara y contundente lo maltrechos que habían quedado los mortales que se habían atrevido a desafiar a los dioses.

Satisfecha con su creación, la diosa se dirigió a su adversaria:

—Ya ves que no tienes ninguna posibilidad. No existe ningún tapiz en todo el mundo que pueda compararse con este. Deberías haberme hecho caso cuando te dije que abandonases tu empeño.

Pero Aracne no se retractó y aceptó el reto. Decidió que ella también representaría a los dioses olímpicos, pero en vez de hacerlo de forma respetuosa, optó por recordar algunas escenas amorosas que habían protagonizado y que, la verdad sea dicha, no los dejaban muy bien parados.

Al ver Atenea lo que tejía la chica, la increpó malhumorada. Aracne, satisfecha al constatar el éxito de su provocación, no pudo evitar decirle con sorna:

—Atenea, no deberías quejarte, porque solo he plasmado unas pocas escenas vulgares protagonizadas por tu padre Zeus y tus parientes. Para representarlas todas, hubiera sido precisa una tela tan grande como el propio cielo. ¿O no es verdad, por ejemplo, que como ilustro aquí, a tu progenitor no se le ocurrió otra cosa que convertirse en toro para secuestrar a la bella doncella Europa?

La divinidad no pudo controlar su furia y rompió el tapiz de su contrincante. No contenta con ello, comenzó a pegarle con la lanzadera hasta que le sacó los ojos. Aracne, desesperada a causa de su desgracia, se ahorcó. Pero Atenea, tal vez dándose cuenta de que se había excedido en su ira, la convirtió en araña antes de que muriera para que, de esa manera, pudiese seguir hilando eternamente.

Aquiles, el implacable

Aquiles pudo elegir. Su madre, la superprotectora ninfa Tetis, dejó que escogiera entre la vida y la gloria. Tetis pensaba que tomaría partido por la vida, pero él se decantó por la gloria… y la muerte.
Aquiles era un héroe para el que no existían los matices. En su mente las cosas eran blancas o negras, y actuaba en consecuencia.
Como si de una apisonadora se tratara, dirigió su futuro hacia la gloria y solamente se detuvo cuando Héctor mató a su gran amigo Patroclo. Entonces el héroe, amigo fiel y sincero, dirigió la apisonadora hacia la venganza.

Peleo conquista a Tetis

En una ocasión, Zeus, el soberano de los dioses, y su hermano Poseidón*, el dios del mar, se enamoraron de la misma nereida*, la encantadora Tetis. Y hubieran acabado peleándose por ella si no hubiera sido por la siguiente profecía:

—El hijo que nazca de Tetis será más fuerte y más poderoso que su padre.

La revelación tuvo un fuerte efecto disuasorio para ambos dioses, que inmediatamente decidieron no casarse con ella. En realidad, una profecía como esta solamente dejaba dos opciones a la desafortunada Tetis: o permanecer soltera o casarse con un mortal.

El mortal elegido por los dioses fue Peleo. Cuando ella lo supo, se puso furiosa:

—Yo soy inmortal. ¡No quiero poner a un maldito mortal en mi vida!

Y como todos sabían que hacerla entrar en razón no sería fácil, enseñaron a Peleo a hacerlo él mismo.

Peleo se apostó en la entrada de la cueva donde ella acostumbraba echar la siesta. Tetis llegó desde el fondo del mar sobre su delfín. El mortal se sintió desbordado por la belleza de la inmortal.

Prácticamente desnuda, dejaba que los rayos del sol acariciasen su cuerpo húmedo mientras dedicaba una caricia al delfín que la había llevado. Entonces entró en la cueva y se dispuso a dormir. Este fue el momento que aprovechó Peleo para abalanzarse sobre ella y atraparla con sus manos poderosas.

Tetis intentó escapar de todas las maneras. Como poseía el don de metamorfosearse, se transformó sucesivamente en fuego, agua, león, serpiente... La lucha fue silenciosa pero feroz. Peleo mantenía el abrazo sin soltarla. Se vio quemado, mojado, magullado, golpeado... Y, como sorprendente colofón, Tetis se convirtió en jibia y le disparó su tinta. Sin embargo, nada hizo que Peleo la soltara.

Finalmente, la nereida volvió a su exquisita forma natural. Estaban fuertemente abrazados, cuerpo contra cuerpo, labio contra labio. La inmortal lo miró a los ojos y dijo:

—Ten en cuenta, mortal, que no es sin ayuda que conquistas.

Los dioses aplaudieron la decisión que Tetis se había visto obligada a tomar y se prometieron un banquete de bodas difícil de olvidar. Al acontecimiento fueron invitados casi todos los dioses del Olimpo, que obsequiaron a los novios con los regalos más espléndidos, entre los que se contaban una excepcional lanza de fresno del centauro Quirón y dos caballos inmortales de Poseidón. Estos dos grandes presentes serían famosos gracias al hijo de Peleo y Tetis, Aquiles, el que estaba destinado a ser más poderoso que su padre.

Pero quien hizo realmente inolvidable aquella boda fue Érix, la diosa* de la discordia, una de las escasas deidades que no había sido invitada. Se presentó a la fiesta con cara de pocos amigos y, sin mediar palabra, tiró sobre la mesa del banquete una manzana de oro donde ponía: «Para la más bella».

Aunque el Olimpo era como un certamen de bellezas, hubo tres diosas que se consideraron merecedoras de aquella manzana: Hera*, Atenea y Afrodita. Quien diera la manzana a una de ellas tenía garantizada la venganza de las otras dos. Zeus rehuyó el funesto honor otorgándoselo a un pastor a quien, por aquel entonces, nadie conocía y que se llamaba Paris.

El susodicho pastor vivía muy cerca de una ciudad llamada Troya. Y Troya es un nombre que no nos conviene olvidar porque tendrá un papel muy importante en esta historia.

Tetis se divorcia de Peleo

El matrimonio de Peleo y Tetis no fue feliz. Tuvieron siete hijos, el último de los cuales fue Aquiles. Entre sus diferencias irreconciliables estaba la manía de Tetis de matar a los bebés mientras intentaba hacerlos inmortales. Recién nacidos, los sometía a un tratamiento especial: por la noche los quemaba para eliminar las partes mortales que Peleo había aportado, y por el día los untaba con la ambrosía de los dioses para hacerlos inmortales. Los seis primeros hijos murieron y subieron directamente al Olimpo, pero Peleo arrancó el séptimo de las manos de Tetis cuando iba a someterlo al fuego. Solamente se le había quemado el talón.

Tetis se puso furiosa, preparó sus maletas e hizo efectivo el previsible divorcio. Antes de marcharse, sin embargo, dio nombre al bebé que lloraba desesperado.

—Te llamarás Aquiles, que significa «el que no tiene labios», porque tus labios no han tocado el pecho de tu madre.

Tetis regresó con sus hermanas al fondo del mar, pero nunca apartó el ojo ni el corazón de las actividades de su hijo.

Un nuevo pupilo para el centauro Quirón

Lo primero que hizo Peleo fue llevar el recién nacido al centauro Quirón, que era experto en el arte de la medicina, para que le curase la herida del pie. Quirón desenterró el esqueleto de un gigante que había sido un corredor extraordinario y puso a Aquiles el hueso que le faltaba. En el futuro, Aquiles sería tan rápido que fue conocido como «el de los pies ligeros».

Sin embargo, este don que le había sido otorgado ocultaba una oscura verdad que solo conocían los dioses y que usaron hábilmente cuando les convino: aquel talón postizo era el único punto vulnerable del gran Aquiles, el único por el cual podía penetrar la muerte.

Tal como habían hecho los padres de Jasón, Peleo encargó a Quirón la educación de su hijo. El centauro cuidó tanto del cuerpo como del espíritu del niño. Así, Aquiles creció alimentándose de entrañas de leones y jabalíes y de sus médulas óseas para ser fuerte y valiente como estos animales. También comía mucha miel para que su espíritu fuera dulce y tuviera el poder de la persuasión.

Quirón lo instruyó además en las artes de la equitación, la caza, la música y la medicina.

Cuando la criatura cumplió los seis años mató su primer jabalí, y a partir de entonces, Quirón tuvo que acostumbrarse a la profusión de leones y jabalíes moribundos que el niño de los rizos de oro dejaba cada día en la entrada de la cueva. Desde el Olimpo, diosas como Atenea y Ártemis seguían encantadas los progresos del hijo de Tetis, que corría tan ligero que no necesitaba perros para cazar sus presas.

Grecia declara la guerra a Troya

El día que Aquiles cumplió nueve años, Calcante, el adivino más prestigioso de toda Grecia, hizo pública una profecía según la cual Troya no sería conquistada si Aquiles no estaba entre sus tropas. Y es que, mientras aquel niño excepcional era amaestrado por Quirón, las tierras griegas se habían visto sacudidas por acontecimientos cruciales. La mayor parte de los reyes de la región querían casarse con la mujer más bella del mundo: Helena.

Aquella situación era extremadamente delicada porque podía llevar a la guerra absoluta. Así que el padre de Helena, aconsejado por el astuto Odiseo, consiguió que todos los reyes jurasen que aceptarían el esposo que ella eligiera. Y a la vez los obligó a prestar un importante juramento: que protegerían aquel matrimonio con sus propias armas si fuera necesario.

Helena eligió a Menelao. Y todo habría ido sobre ruedas de no haber sido por la manzana que la diosa de la discordia había arrojado a la mesa en el banquete de bodas de Tetis y Peleo. Las tres candidatas —Hera, Atenea y Afrodita— intentaron sobornar al pastor Paris, que debía elegir a una de ellas. Al final, Paris entregó la manzana a Afrodita, la diosa del amor, que había prometido conseguirle la mujer más bella del mundo.

Y como esa mujer era Helena, Afrodita ayudó a Paris a raptarla y a conducirla a la ciudad de Troya. Y Menelao, el esposo ofendido, exigió a los antiguos pretendientes que cumplieran su juramento, de manera que la mayor parte de los reyes de Grecia se vieron obligados a alzarse en armas contra Troya.

Aquiles se disfraza de mujer

Desde el día en que Calcante profetizó que no se ganaría la guerra de Troya sin Aquiles, ya no hubo descanso para la amorosa Tetis. Por otras fuentes proféticas, Tetis también sabía que, si su hijo viajaba a Troya, moriría en la batalla.

Con el corazón encogido, visitó a Aquiles, que aún vivía con Quirón. El pobre centauro estaba desbordado porque no podía dominar a aquel niño, que era un poco vándalo y se había convertido en la pesadilla de la región.

Quirón le aconsejó (algunos dicen que le «suplicó») que se lo llevara. Tetis le hizo caso y lo condujo a la isla de Esciros con la intención de ocultarlo entre las mujeres del rey.

Pero cuando Aquiles descubrió que debía vestirse de mujer, se negó en redondo. Tetis ya no sabía qué más decirle a su díscolo hijo para convencerlo cuando, en aquel momento, entró la hija del rey.

El chico quedó trastornado ante su belleza, y al momento cambió de opinión y accedió a cambiar de sexo y de nombre. No hace falta decir que la joven pronto se dio cuenta de que la supuesta hermana de Aquiles tenía algunos atributos muy masculinos. Tanto se percató que incluso acabaron engendrando un hijo: Neoptólemo, la única descendencia que tuvo Aquiles en su vida.

En la corte conocían a la presunta joven con el nombre de Pirra, en honor de sus cabellos de oro. Y entre aquellas chicas pasó Aquiles sus días y sus noches hasta que cumplió quince años. Era justamente el momento en que se estaba reclutando el ejército que partiría hacia Troya.

Como la profecía que había hecho el adivino Calcante sobre Aquiles era de dominio público, lo buscaban incluso debajo de las piedras. Un día, el astuto Odiseo, acompañado de dos guerreros, fue enviado a la isla de Esciros, donde los rumores situaban a Aquiles. Llegaron disfrazados de mercaderes. Llevaban un buen puñado de bagatelas. Las chicas de la corte se lanzaron a elegir joyas, telas bonitas, bisutería... Eran absolutamente felices y producían una alegre algarabía.

Odiseo no apartaba los ojos de una joven descomunal de pelo dorado que no dejaba de mirar las armas que, con astucia, habían colocado entre las otras fruslerías. De repente, y siguiendo una consigna del falso mercader, sonó una trompeta lejana. Era una llamada a la lucha. Y la joven de melena dorada se descubrió saltando hacia las armas y empuñándolas con ánimo belicoso mientras las otras huían despavoridas.

La gloria y la muerte

Aquella misma noche, Tetis se reunió con su hijo. Mientras acariciaba sus rizos le dijo:

—¡Oh, hijo amado! ¿Cuántas veces más sentiré mi corazón estremecerse de angustia y cuántas veces mis ojos derramarán lágrimas por ti?

Aquiles, que la amaba con locura, la abrazó tiernamente.

—Debes saber, Aquiles, que una profecía afirma que, si te marchas a Troya como desean Odiseo y los otros guerreros, morirás joven y lleno de gloria, pero que, si dejas atrás las pretensiones de gloria y no viajas a Troya, tendrás una vida larga y feliz.

—Entonces, prepárame para la guerra, madre, porque la gloria me espera.

Tetis le ofreció los regalos que había recibido su padre Peleo al casarse: una espléndida armadura de Hefesto, el dios forjador, la lanza de fresno del centauro Quirón y el tiro de caballos inmortales de Poseidón.

Y así es como Aquiles, con tan solo quince años, se convirtió en el general de las cincuenta naves de los mirmidones*, procedentes del reino de Peleo, su padre. Aquiles era el único de los grandes jefes llamados a la guerra que no acudía por causa de un juramento, sino porque buscaba la gloria personal.

El tiempo lo había convertido en un joven de gran belleza y voz poderosa. No conocía el miedo y su pasión más grande era la lucha. Se distinguía por dos facetas extremas: la violenta y la tierna. La violencia lo hacía cruel y despiadado; la ternura lo convertía en el amigo más fiel. Quien gozó de su amistad incondicional fue Patroclo, su compañero inseparable, con el cual compartió las aventuras más trepidantes.

Encuentro en el Áulide

El Áulide es el lugar donde se reunió la flota griega de mil navíos que debía partir hacia

Troya para rescatar a Helena. Su comandante supremo era el rey Agamenón de Micenas. Agamenón era hermano de Menelao, el marido de Helena.

Pero sucedió que los vientos favorables para zarpar no llegaban. El adivino Calcante entró de nuevo en acción:

—Los vientos no soplarán hasta que el rey Agamenón sacrifique a su hija Ifigenia.

Agamenón se rascó la cabeza pensativo. El problema no estaba en el trámite de matarla, sino en cómo hacerla llegar desde Micenas sin que su madre sospechara nada. Los implicados se exprimieron el cerebro y encontraron la manera de engañar a la madre: le dijeron que casarían a la muchacha con el héroe Aquiles. Este era un futuro deseable para cualquier mujer casadera y ella no se hizo esperar. Incluso se presentó con el vestido de novia puesto.

Cuando Aquiles supo que habían abusado de aquella manera de su nombre, se puso furioso y decidió salvarla de aquella muerte atroz. Pero en aquellos momentos estaban muy de moda los sacrificios* por el bien de Grecia, e Ifigenia prefirió ofrecer generosamente su blanco cuello al rigor del hacha sin protestar.

Una vez salvado este escollo, llegaron los vientos tan esperados y la flota, por fin, pudo zarpar.

La muerte del hijo de Apolo

Tetis había advertido a su hijo que, si alguna vez mataba a un hijo del dios Apolo, su muerte en Troya sería violenta. La inquieta diosa incluso hizo que una esclava acompañase constantemente al héroe para que lo advirtiera si se cruzaba con alguno de los numerosos vástagos del dios.

Cuando llegaron a la isla de Ténedos, que estaba muy cerca de Troya, Aquiles quedó fulminantemente enamorado de una joven de la región, pero como ella no compartía aquella pasión arrolladora, optó por huir. Aquiles la persiguió hasta que, de pronto, la tierra se abrió bajo los pies de la joven y se la tragó. ¡Qué contratiempo! ¡Seguro que había pedido auxilio a algún dios!

El hermano de la chica se sintió obligado a vengar la afrenta que Aquiles había hecho a su familia y fue lo bastante incauto como para enfrentarse a él. Aquiles también fue lo bastante incauto como para deshacerse de él en un abrir y cerrar de ojos sin saber que era uno de los hijos de Apolo. Al enterarse de la mala noticia, se enfadó tanto que mató a la esclava destinada a dar la voz de alarma.

Poco a poco, y de profecía en profecía, Aquiles iba dibujando su destino. Moriría joven, glorioso..., y de forma violenta ante Troya.

La primera batalla contra Troya

Desde la isla de Ténedos, los griegos enviaron una embajada al rey Príamo de Troya para exigir el retorno de Helena. El rey Príamo era el padre de Paris, el pastor que había raptado a la chica. Sabía que negarse a devolver a Helena podía suponer el fin de Troya, por eso, antes de decidirse, miró a su hijo mayor, Héctor, y buscó una respuesta en su mirada. Héctor, que era el guerrero amado de su pueblo, asintió y apretó con firmeza el brazo de su padre.

En el instante en que los griegos conocieron la respuesta de Troya, la flota de mil naves partió de la isla de Ténedos para anclarse a la vista de la ciudad rebelde. Se había declarado la guerra.

Los ciudadanos troyanos corrieron hacia la playa para rechazar a los invasores con una lluvia de piedras.

Los griegos dudaron cuando llegó el momento de desembarcar para luchar contra los troyanos, tal era la furia de estos. Todos tenían miedo, excepto Aquiles, que no saltaba porque intentaba escapar de otra de las profecías de Tetis: el primero que lo hiciera, moriría a manos de sus enemigos.

Así que Aquiles esperó a que otro se decidiera —y efectivamente, al cabo de un momento, ya estaba muerto— y saltó el segundo.

En aquella batalla, Aquiles se enfrentó al héroe Cicno, que, con gran valentía, había detenido el desembarco de los griegos durante horas. El héroe griego, con su arrogancia habitual, le espetó:

—Quienquiera que seas, ¡debes saber que morirás a manos de Aquiles!

Y mientras le hablaba, le tiró una lanza que, para gran sorpresa suya, rebotó en la armadura de su contendiente. Cicno respondió en el mismo tono:

—Fíjate en este escudo que llevo. No lo utilizo como protección sino como adorno. No me hace falta porque yo no soy el hijo de una simple nereida como tú; soy el hijo del jefe de todas las nereidas, el dios Poseidón.

Y riendo, propulsó su lanza hacia Aquiles, que sintió cómo la punta atravesaba sin problemas el escudo y nueve de las diez pieles de buey que llevaba debajo. Furioso, Aquiles lanzó una y otra vez su arma contra Cicno, y Cicno una y otra vez le respondió con desprecio mostrando su invulnerabilidad.

La rabia consumía a Aquiles. Dudando de su propia fuerza, recogió por enésima vez la lanza y, en esta ocasión, la dirigió contra un pobre soldado que tuvo la mala suerte de estar luchando por allí. El troyano, completamente atravesado por el hierro, cayó fulminado.

Entonces Aquiles acometió contra Cicno con la espada, y esta también rebotó. El héroe griego, temblando de rabia, saltó por última vez sobre su adversario. Pero, en lugar de asestarlo con el filo de la espada, lo hizo con la empuñadura. Aquella lluvia de golpes en la cara y en la cabeza aturdió a Cicno, que retrocedió hasta que una piedra lo hizo caer.

Entonces Aquiles se subió sobre su armadura y, con todas sus fuerzas, se dedicó a impedir que Cicno respirara. Y así murió el hijo de Poseidón, con la respiración, que era la vía del alma, cortada. Poseidón se compadeció de su hijo y, en el último momento, lo convirtió en un cisne que salió volando.

Los griegos ganaron aquella primera batalla contra los troyanos, y este hecho fue fundamental para que pudieran construir las trincheras y las edificaciones necesarias para llevar a cabo una guerra que se presentaba larga, pero que nadie imaginaba que lo sería tanto.

Los nueve primeros años de guerra

A pesar de haber ganado la primera batalla, la necesidad de alimentar y mantener a las tropas obligó a los griegos a compaginar la guerra con el desarrollo de otras actividades, tales como el saqueo y la piratería. Gracias a la dispersión de esfuerzos, los troyanos pudieron defender su ciudad durante diez años. Por contra, la mayor parte de las ciudades de Asia Menor fueron destruidas por los invasores.

Aquiles dirigió la invasión de muchas ciudades aliadas de Troya: Lesbos, Focea, Colofón, Cime, Esmirna y Clazómenes, entre otras. Aquellas incursiones implicaban la devastación y, a veces, la destrucción de poblaciones enteras. Los atacantes se llevaban como botín alimentos, animales, riquezas y mujeres esclavas.

Entre las cautivas de tantas invasiones había dos mujeres que adquirieron una importancia especial en el transcurso de los acontecimientos de la guerra: la bellísima Criseida, que era pequeña, frágil, de melena rubia y ojos claros; y la espectacular Briseida, que era alta, morena y firme. Agamenón se quedó con Criseida como parte del botín, y Aquiles eligió a Briseida.

Cuando ya se acercaba el décimo año de guerra, los griegos decidieron dejar de expoliar la costa de Asia Menor y concentrar sus fuerzas en Troya. Esta decisión gustó a los dioses, que estaban muy implicados en los acontecimientos. La batalla generaba litros de adrenalina en el Olimpo. Los dioses se lo pasaban muy bien ayudando a sus favoritos, castigando a los que no les complacían y vengándose de los que no les habían sido propicios. Pero su juego iba más allá. Con la excusa de los acontecimientos que se sucedían en el campo de batalla organizaban peleas divinas, traiciones divinas... y, hasta aquel momento, no había habido reglas del juego. Todo eso era lo que había conseguido la perversa manzana de la discordia. Mientras tanto, Zeus, el dios más poderoso, dejaba libertad de acción y él la tomaba también.

Aquiles se enfada con Agamenón

Un día, el padre de Criseida —la esclava elegida por Agamenón—, que era sacerdote de Apolo, llegó al campamento griego para pedir al guerrero que fijase un rescate para su hija. Esta era una costumbre muy habitual para recuperar a los prisioneros de guerra.

Pero Agamenón se había enamorado de la joven y no quería perderla. En vez de tratar al sacerdote con el respeto que se merecía, lo expulsó de la forma más grosera.

Su falta de urbanidad ofendió mucho al dios Apolo, que castigó al campamento griego con una lluvia ininterrumpida de flechas letales. Los jefes griegos llamaron al adivino Calcante para que explicara qué estaba sucediendo:

—¡Solo se detendrá el azote de Apolo cuando Criseida sea devuelta a su padre!

Entonces, Aquiles exigió a Agamenón que devolviera a la chica, y el rey de Micenas aceptó. Pero, a cambio, exigió que le fuera entregada Briseida, que era la parte del botín que había tocado a Aquiles.

Es fácil deducir que Aquiles y Agamenón nunca se habían entendido muy bien, pero esta fue la gota que colmó el vaso, y Aquiles, dejándose arrastrar por su temperamento apasionado, llevó su mano a la espada.

La diosa Atenea, quien deseaba que los acontecimientos coincidieran con su voluntad, lo cogió de los pelos —sin que ningún otro mortal se diera cuenta— y lo detuvo. Aquiles se marchó de la reunión escupiendo estas palabras contra Agamenón:

—Has dejado de ser mi jefe. Desde hoy ya no seguiré tus órdenes. Abandono la batalla y pronto zarparé con los navíos mirmidones.

Aquiles se encerró en su tienda a esperar el siguiente movimiento de Agamenón. Al cabo de un tiempo llegaron, temblorosos, los mensajeros del rey Micenas para tomar a la bella Briseida. El héroe no los mató como ellos temían, sino que dejó que tomaran a la chica y se marcharan.

Y después, con lágrimas en los ojos, invocó a su madre divina y, ya en sus brazos, le explicó con todo lujo de detalles todas las «indignidades» que se habían cometido contra él.

Como era de esperar, desde el punto de vista de Tetis, el trato que había recibido su hijo había sido ignominioso. ¿Cómo podían hacerle eso a un chico que ya tenía un pie en la tumba?

Tetis consigue lo que desea de Zeus

Tetis corrió hacia el Olimpo. Cuando llegó ante Zeus, puso en acción todas las armas femeninas que mucho tiempo antes habían conseguido que el rey de los dioses se fijase en ella. Tetis se arrodilló ante él. Apoyó una mano suplicante sobre sus rodillas, con la otra le tocó la barbilla y, mientras le acariciaba, sus preciosos ojos se llenaron de lágrimas. Tras ponerlo al día sobre sus desventuras, se atrevió a formular una petición:

—Por favor, Zeus, da la victoria a los troyanos mientras Aquiles esté lejos del campo de batalla.

Zeus le hizo caso y prohibió a los dioses que intervinieran. Esta orden supuso una debacle en el Olimpo. Los otros dioses no estaban de acuerdo con la nueva política. Hera y Atenea, que habían sido rechazadas por el troyano Paris, deseaban el triunfo de los griegos y se sentían furiosas porque Zeus no las dejaba participar. En cambio, Afrodita, que estaba de parte de los troyanos, no lo encontraba tan mal. Los dioses, desolados, vieron cómo se les acababa aquel juego tan divertido de utilizar a los humanos como marionetas para pelearse entre ellos. Mientras, en el terreno de batalla, los griegos comenzaron a perder.

Patroclo entra en la lucha

Los griegos perdían un enfrentamiento tras otro. El ánimo de la tropa iba decayendo. Al final, Agamenón, desesperado al ver que los troyanos eran cada día más peligrosos, mandó enviar una embajada a Aquiles y le ofreció un tesoro sustancial: siete trípodes*, siete ciudades, siete mujeres, una hija suya y otros obsequios. En el lote iba incluida la bella Briseida que el rey de Micenas, juraba y perjuraba, no había tocado.

Pero Aquiles, que era un resentido, no quiso aceptar nada y no regresó al campo de batalla. Así pues, la cosa pintaba cada vez más negra para los griegos.

A pesar de que Aquiles estaba tan enfadado que pasaba los días refunfuñando en su tienda o mirando desde el puente de su nave cómo los troyanos castigaban a los griegos, Patroclo y el ejército de mirmidones no soportaban tan bien la inactividad.

La jornada en que los troyanos avanzaron hasta las naves griegas y comenzaron a quemarlas, Patroclo ya no pudo aguantar más. Se presentó ante Aquiles con los ojos llenos de lágrimas de dolor por el espectáculo de muerte que acababa de presenciar y le suplicó una y otra vez que se lanzase al combate contra los troyanos. Pero Aquiles era demasiado orgulloso para ceder:

—¡Pues, si no deseas hacerlo tú, deja que lleve yo a los mirmidones al combate, vestido con tu armadura, para que los troyanos retrocedan despavoridos cuando vean de nuevo al temido Aquiles en pie de guerra!

Aquiles no podía negarle nada a su amigo Patroclo, pues lo amaba con locura. Así que dio orden a los mirmidones para que se prepararan para la batalla. Un grito de alegría recorrió el campamento. Los hombres estaban entusiasmados, llenos de fuerza y con sed de sangre. Incluso Aquiles los ayudaba y animaba, aunque seguía en sus trece.

La muerte de Patroclo

La irrupción de Patroclo con la armadura de Aquiles y de los mirmidones en el campo de batalla fue poco menos que apoteósica. Muchos troyanos huyeron aterrorizados.

Patroclo tenía tanto valor que llegó hasta las murallas de Troya, y él mismo hubiese tomado la ciudad si el dios Apolo no hubiera decidido matarlo.

Apolo se acercó a él por la espalda, oculto en una nube, y le dio un fuerte golpe con la mano abierta en la espalda y los hombros. Patroclo sintió que sus ojos se nublaban. Entonces, Apolo le quitó el casco de la cabeza para que quedase indefenso. Una lanza se clavó en el valiente guerrero, que, sintiéndose desarmado y atacado, retrocedió.

Héctor, el hijo del rey Príamo, que también estaba en el campo de batalla, al ver que el héroe se echaba hacia atrás, saltó entre los combatientes y lo hirió con su lanza. Patroclo lo miró a los ojos mientras agonizaba, y dijo:

—¡Héctor! ¡Qué poco tardarás en seguirme! Morirás a manos de Aquiles.

Y no había terminado de pronunciar estas palabras cuando cayó muerto sobre la arena. Como se hacía con los vencidos, Héctor le quitó la armadura de Aquiles y se la puso.

Los guerreros griegos que habían presenciado el triste final del amigo de Aquiles se colocaron al lado del cuerpo desnudo de Patroclo para impedir que también cayera en manos troyanas. La lucha por el cadáver de Patroclo se convirtió en una verdadera carnicería. Grandes héroes de los dos bandos caían aquí y allá para defenderlo o arrebatarlo.

Hubo un instante en que el combate se inclinaba tanto a favor de los troyanos que Menelao ordenó que fueran a dar a Aquiles la noticia de la muerte de Patroclo.

Cuando el mensajero llegó al campamento, Aquiles paseaba de un lado a otro como un león enjaulado. En cuanto vio al chico dedujo lo que había sucedido y, sollozando, comenzó a articular:

—He ordenado a Patroclo que se limitara a salvar las naves del fuego. Le he dicho que no se enfrentara a Héctor.

El portador de las tristes noticias musitó:

—El cadáver de Patroclo está desnudo sobre la tierra. La lucha por obtener su cuerpo es desesperada.

Aquiles se golpeaba el pecho, se arrancaba el pelo y gritaba entre sollozos de dolor:

—¿Qué puedo esperar ya de la vida ahora que mi gran amigo Patroclo ha muerto? No tengo ningún otro deseo que ver cómo Héctor cae bajo mi espada.

Y loco de aflicción, se precipitó hacia el campo de batalla. Cuando llegó, la lucha había degenerado hasta el punto de que los contendientes estiraban el cadáver de Patroclo cada uno hacia su bando.

Aquiles, desarmado, profirió un grito. Y a este grito aterrador siguieron dos más. El combate se detuvo. Los troyanos, llenos de horror, reconocieron al temido Aquiles y cedieron el cuerpo de Patroclo.

Aquiles se reconcilia con Agamenón

La madre de Aquiles, la ninfa Tetis, intentaba animar a su hijo, pero él la miró fríamente y le dijo:

—Madre, ha llegado el momento de que se cumpla mi destino y yo muera.

Y entonces hundió la cabeza entre sus manos poderosas y lloró:

—¡No he sido capaz de salvar la vida de Patroclo!

Tetis, desesperada, se dio cuenta de que ya no podía hacer nada para salvarlo.

—Antes de regresar a la batalla, hijo mío, espera a que pida al dios forjador Hefesto que te fabrique una nueva armadura.

Cuando Aquiles dispuso de la espléndida armadura que había fundido Hefesto, se dirigió al consejo. Allí lo esperaba Agamenón. Ambos estaban impacientes por presentarse las disculpas. Aquiles comenzó:

—Mejor hubiese sido para ambos haber continuado unidos en vez de pelearnos por una mujer. De esta manera no hubiesen muerto tantos griegos mientras duraba mi ira.

Agamenón también entonó el mea culpa:

—Fue por culpa de un error fatal por lo que perdí la razón y tomé a Briseida. Ahora mismo te daré todo lo que mis emisarios te prometieron cuando fueron a tu tienda.

Aquiles respondió:

—No, ahora no; ahora es tiempo de volver a la lucha.

Ese era el ánimo de Aquiles, que tenía su punto de mira en el campo de batalla y en su deseo de encontrarse cara a cara con Héctor. Aquiles estaba preparado para atacar, armado con la nueva coraza que Hefesto había fabricado para él; tomó la lanza de su padre, subió al tiro conducido por los caballos inmortales y les dijo:

—¡Procurad traerme vivo de la batalla y no muerto como a Patroclo!

Este comentario, que sonaba a reproche, molestó tanto a los caballos que, durante un momento, uno de ellos incluso obtuvo el don de la palabra para replicarle:

—Te traeremos vivo una vez más, intrépido Aquiles, pero se acerca el día en que morirás, y los culpables no seremos nosotros sino un dios y un hombre.

Aquiles se enfadó con el animal:

—¿Cómo puedes hablar de mi muerte si no es cosa tuya? ¡Sé muy bien que encontraré aquí la muerte, ya que es mi destino! Pero hasta que no me canse de tanto luchar contra los troyanos, no quiero reposo.

Eso dijo y, profiriendo su grito de guerra, lanzó los caballos a la batalla.

Aquiles regresa a la guerra

En el momento en que Aquiles regresó al combate, Zeus reunió a todos los dioses del Olimpo y les dio, oficialmente, la libertad de actuar. Extraoficialmente todos habían continuado haciendo de las suyas.

Los dioses, encantados, pusieron de nuevo sus ojos y sus designios en el campo de batalla. Así, al lado de los griegos se alinearon Hera, Atenea, Poseidón, Hermes* y Hefesto. Y al lado de los troyanos se colocaron Ares, Apolo, Ártemis, Leto y Afrodita.

Mientras los inmortales no intervinieron, los troyanos iban sobrados en la batalla. Pero la entrada de los dioses en la guerra iba a cambiar muchas cosas. Para comenzar, todo el mundo se estremeció durante unos momentos. Zeus hizo tronar el cielo y Poseidón sacudió la tierra de tal forma que el mismo Hades temió que todo el Infierno quedara a la vista.

Aquel día fue funesto para los troyanos. Aquiles, con su furor, causó tantas víctimas que acabó llenando el lecho del río de cadáveres.

Los troyanos, aterrorizados, corrían hacia la ciudad buscando la protección de sus murallas. El gran guerrero griego, mientras clavaba lanzas y cortaba cabezas, solo tenía un pensamiento en mente: Héctor.

En aquel avance devastador de Aquiles, muchos más troyanos habrían muerto aquel día si Apolo no hubiera tomado la forma de un valiente guerrero y hubiera conseguido que Aquiles lo persiguiera. Esta treta permitió que muchos combatientes troyanos entrasen en la ciudad.

La muerte de Héctor

Solo un guerrero permaneció fuera de las murallas protectoras y no quiso entrar a pesar de las lágrimas y las súplicas de sus padres, era Héctor.

—No quieras darle la gloria a Aquiles perdiendo en sus manos tu vida tan noble —lloraban con desconsuelo.

Héctor continuó allí en pie, imperturbable, como si no oyera los lamentos de la gente de la ciudad. Pero cuando vio llegar a Aquiles —furioso por el engaño del dios Apolo— su corazón desfalleció.

Atemorizado, comenzó a correr alrededor de las murallas y Aquiles, que era conocido como «el de los pies ligeros», se lanzó tras él. Parecía un águila que fuera en pos de una paloma.

Podría decirse que en aquel momento el mundo se había detenido para seguir la carrera. Los dioses la observaban con el corazón intranquilo por su desenlace. Zeus, triste, también puso allí su mirada. Todavía pensaba si había alguna manera de salvar a Héctor.

Cuando se inició la cuarta vuelta, Zeus tomó su balanza de oro y pesó los destinos de los dos guerreros. El plato que se inclinó hacia el Infierno fue el de Héctor. Su muerte, pues, era inminente.

Atenea, dando un saltito de alegría, se precipitó hacia el campo de batalla. La diosa traidora tomó la forma de Deífobo, uno de los pocos hermanos de Héctor que Aquiles todavía no había matado. Cuando Héctor lo vio, sintió que su corazón se aliviaba.

—Gracias, hermano querido, por abandonar la seguridad de la muralla y luchar a mi lado. Juntos venceremos.

Aquiles ya llegaba. Los dos guerreros quedaron frente a frente y Héctor dijo:

—Ya no huiré más de ti. Enfrentémonos hasta que yo te mate o tú me mates a mí. Te doy mi palabra de que, si Zeus me otorga la victoria y acabo con tu vida, no maltrataré tu cuerpo muerto. Me quedaré con tu magnífica armadura, pero daré tu cadáver a los griegos.

Aquiles lo miró con odio y le respondió:

—Héctor, no propongas tratos. Ya sabes que yo no olvido. Reúne todo tu valor porque ya no tienes escapatoria. Atenea ha decidido que mueras bajo el hierro de mi lanza.

Y Aquiles arrojó la lanza con decisión, pero Héctor fue muy rápido y la esquivó. El héroe sintió que todo su cuerpo temblaba, ¡por un instante fugaz había pensado que respiraba por última vez!

—¡Has fallado, Aquiles! Los dioses no te han revelado mi destino. ¡Has utilizado estas falsas palabras para que perdiera el valor y la fuerza!

Dicho esto, tiró la lanza a su vez. Aquiles la esquivó con presteza. Entonces, Héctor gritó:

—¡Deífobo, hermano, acércame la pica más larga!

Sin embargo, al ladear la cabeza, se dio cuenta de que su hermano no estaba a su lado y entonces lo comprendió todo. Algún dios lo había traicionado. ¡Había llegado el momento de su muerte! Y decidió que no moriría como un cobarde.

Desenvainó su potente espada y atacó. Llevaba la armadura de Aquiles, la que había lucido Patroclo en el instante de morir. Aquiles conocía bien su único punto vulnerable: el lugar en el que el cuello se une con la espalda. El héroe griego saltó y hundió con rabia la lanza en el cuello de Héctor y lo atravesó con tanta facilidad que la punta le salió por la nuca. Su voz sonó lejana a Héctor:

—Escúchame bien antes de morir: los perros destrozarán tu cuerpo y las aves de rapiña lo castigarán mientras que a Patroclo los griegos le harán unas solemnes exequias.

Héctor, con el último aliento de vida, clamó tristemente:

—¡Te suplico que no entregues mi cuerpo a los perros!

—¡Aunque me ofrecieran tu peso en oro, no te libraría de ese final ignominioso!

Héctor cayó a plomo en el suelo y se sostuvo casi heroicamente sobre un brazo tembloroso:

—Sí, Aquiles, mirarte me basta para ver que no podré disuadir a tu corazón de hierro. Pero ten cuidado con la ira de los dioses, porque un día, a pesar de tu audacia, el dios Apolo y el mortal Paris segarán tu vida ante las puertas Esceas.

Y cayó muerto. Un grito general de dolor sacudió la ciudad de Troya. Aquiles desposeyó a Héctor de su armadura y los griegos se acercaron para castigar su cuerpo con las lanzas. Entonces, Aquiles, perforó los pies del muerto y los unió con una correa que ató a su carro para arrastrarlo por la arena.

Los lamentos de la ciudad devinieron aullidos desesperados. El ruido se volvió insoportable cuando los troyanos vieron cómo su gran señor, Héctor, era arrastrado por el tiro de Aquiles. Su cabeza, con la melena negrísima cayendo a los lados, se daba golpes con las piedras del camino.

Los funerales de Patroclo

Aquiles arrastró el cuerpo de Héctor hasta el campamento griego para que estuviera presente, sin vida, en los funerales de Patroclo. Aquellas exequias se llevaron a cabo con los máximos honores y estuvieron acompañadas de unos espectaculares juegos funerarios*. Aquiles mismo cortó su dorada cabellera y la depositó sobre el pecho de su amigo. A los pies de la impresionante pira que le había levantado, sacrificó numerosos animales.

Después hizo una señal imperativa a sus sirvientes, que corrieron a cumplir su orden: arrastraron hasta allí a doce troyanos que el mismo Aquiles había capturado y reservado para sacrificar en honor de su amado Patroclo. Sin la menor compasión, los fue matando uno a uno. Los siguieron dos de los nueve perros de caza de Patroclo.

Pero Aquiles todavía no tenía suficiente. Consumido por la pena, cada día arrastraba tres veces el cadáver de Héctor alrededor de la tumba de Patroclo.

Esta actitud disgustaba profundamente a los dioses, que también habían amado a Héctor, y que no dejaban que el cuerpo se corrompiera ni se hiriera a pesar de los constantes ataques de Aquiles. Así que Tetis se presentó ante su hijo para decirle que Zeus ordenaba que devolviera el cuerpo del guerrero a cambio de un rescate.

Y casualmente, aquella misma noche, el rey de Troya, Príamo, que no había cesado de llorar ni un momento la muerte de su hijo, se jugó la vida y fue a la tienda de Aquiles para suplicarle que le devolviese el cadáver. Aquiles, que había entendido bien el mensaje de Tetis, no rehusó.

El precio del rescate se fijó en el peso de Héctor en oro. Pero Héctor era un hombre muy corpulento y todo el oro de Príamo no fue suficiente, así que Polixena, su hija, lanzó desde lo alto de las murallas troyanas todos sus brazaletes para completar el rescate.

Aquiles quedó admirado del valor y la belleza de Polixena. Algunos dicen que incluso propuso a Príamo que se la diese como esposa en vez del rescate. Pero el rey de Troya no accedió y se marchó a la ciudad para preparar los funerales de su queridísimo hijo.

Aquiles, a quien Príamo le había recordado a su propio padre, se sintió tan conmovido por el dolor del anciano que concedió nueve días de tregua a Troya para que la ciudad pudiese celebrar los funerales de Héctor tal como correspondía a su linaje.

La muerte de Aquiles

Pasados los nueve días, se reemprendió la guerra. Antes de que se cumpliera el funesto destino de Aquiles, el héroe tuvo tiempo de llevarse por delante a numerosos guerreros, pequeños y grandes.

El día que su destino debía cumplirse, Aquiles perseguía a los troyanos hacia la ciudad. El dios Apolo ya lo esperaba ante las puertas Esceas. Aquiles avanzaba envuelto del fragor de la batalla. A su paso se sucedían los gemidos de quienes hería y los golpes secos con que otorgaba la muerte a diestro y siniestro. Apolo miró a su lado. Allí luchaba Paris, el pastor que había llevado a Troya a la guerra.

El dios sonrió con crueldad e hizo que Paris se fijara en Aquiles. Como si ejerciera de maestro de ceremonias, el propio dios ayudó a Paris a colocar la flecha, a tensar el arco y a dirigir el arma mortífera hacia el único punto vulnerable del gran guerrero, aquel hueso que no era suyo y que debía resultar su sentencia de muerte. Paris disparó.

Al clavarse la flecha de Paris en el talón, Aquiles cayó muerto al instante. La sorpresa paralizó el campo de batalla por un momento. Pero, acto seguido, como si estallara una locura colectiva, se inició una batalla feroz que hizo que pareciera pequeña la lucha por el cuerpo de Patroclo. La desmesura se apoderó de los dos bandos. Áyax el Grande, a pesar de la lluvia de flechas que caía sobre él, arrastró el enorme cuerpo muerto a través de las líneas enemigas. Mientras, Odiseo le cubría la retaguardia. Zeus, finalmente, puso fin a aquella carnicería despiadada con una gran tempestad.

Aquella pérdida fue un golpe muy duro para los griegos. El duelo duró diecisiete días con sus correspondientes noches, y el decimoctavo día, Aquiles fue quemado en una pira y sus cenizas mezcladas con las de Patroclo, tal como había sido su deseo.

Tetis, enloquecida de dolor, y las otras nereidas entonaron un canto fúnebre tan terrible que el propio ejército griego huyó hacia sus navíos.

Cuando todavía no habían cubierto de arena la tumba del héroe, dos guerreros pidieron sus armas. Áyax el Grande, que había arrastrado el portentoso cuerpo hasta más allá de las líneas enemigas, y Odiseo, que había cubierto la retirada. Áyax y Odiseo lucharon por la armadura mediante la oratoria y, al final, ganó Odiseo. Áyax no se lo tomó nada bien; asió su propia espada y gritó:

—Esta sí que es mi espada, ¿o es que también quieres reclamarla, Odiseo? Esta es la que usaré contra mí mismo para que nadie pueda matar a Áyax más que Áyax.

Y ante el horror de todos sus hombres, se hundió la espada en el pecho y murió.

La sombra de Aquiles

Dicen que mucho tiempo después, cuando la ciudad de Troya ya no era más que un recuerdo y los griegos ganadores se preparaban para zarpar hacia sus hogares tras diez años de guerra, de una grieta de la tierra surgió la sombra de Aquiles. Era tan imponente como cuando estaba vivo y tenía la misma mirada peligrosa. Todos retrocedieron asustados. Su sombra rugió:

—¿Os marcháis sin acordaros de mí, griegos? ¿Es que está enterrada conmigo la gratitud que debéis a mi valor? No os marchéis hasta que mi sepulcro reciba los merecidos honores. Sacrificadme a Polixena.

Polixena era la hija del rey Príamo de Troya, que había cedido sus joyas para rescatar el cadáver de Héctor. Ella y su madre, convertidas en prisioneras de guerra, estaban en aquel momento embarcando en los navíos griegos.

La madre profirió un aullido terrible y se abrazó a su joven hija. Pero los soldados arrancaron a la chica de sus brazos y la llevaron al altar de los sacrificios. Antes de morir, Polixena miró altivamente a su verdugo y dijo:

—Estoy preparada. Hunde tu espada en el cuello o en el pecho. ¿O es que alguien había pensado que Polixena sería esclava alguna vez?

Y presentó su cuello blanquísimo para acallar a la sombra despiadada de Aquiles.

Pero las cosas no quedaron así. Tetis no podía conformarse con este final para su hijo amado. Consiguió que Poseidón le concediese la famosa isla blanca de Leucea, donde, desde entonces, viven muchos de los héroes que murieron durante la guerra de Troya. No es posible localizarla en el mapa; algunos marineros saben que han pasado cerca porque, si es de día, oyen los gritos de los guerreros y el entrechocar de las armas y, si es de noche, es la voz poderosa de Aquiles la que llega a sus oídos. El héroe griego recita los versos que utilizó el poeta Homero para narrar sus gestas.

Odiseo, el astuto

El día en que los griegos dejaron de admirar la fuerza física por encima de todo y comenzaron a valorar la astucia, nació Odiseo, conocido como Ulises en la mitología romana.
Odiseo era muy hogareño. Amaba con pasión su isla de Ítaca, su patrimonio, su familia..., y su máximo deseo era disfrutarlos en paz y armonía.
Desafortunadamente para él, y afortunadamente para los ávidos de grandes aventuras, nunca consiguió este objetivo. Obligado a ir en contra de su voluntad a la guerra de Troya, fue uno de los máximos responsables de la destrucción de la bella ciudad, y forzado a protagonizar una «odisea» de diez años, superó todos los peligros sorprendiendo a sus adversarios al vencerlos con la astucia y no con la fuerza. Y cuando, por fin puso los pies en su amadísima Ítaca...
La historia de Odiseo cuenta con secundarios de lujo: su hijo Telémaco y su mujer Penélope. Destinada a ser una comparsa en la gran hazaña de su marido, la bella Penélope se las vio y se las compuso para

mantener a raya durante veinte años a los que pretendían casarse con ella y nunca dejó de confiar en que algún día Odiseo regresara a su lado.

La importancia de la genética

Sísifo pasaba por ser el hombre más astuto de todos. Durante unos años fue vecino de Autólico, que pasaba por ser el mejor ladrón y el mentiroso más hábil de su tiempo. Ambos poseían grandes rebaños de vacas y estaban orgullosos de ellos.

Sin embargo, Sísifo se había dado cuenta de que el número de sus vacas iba disminuyendo en vez de aumentar mientras el de Autólico crecía imparable. Tanto, que a Sísifo se le ocurrió que Autólico le estaba robando las vacas, cosa que era bien cierta. Gracias al dios Hermes, Autólico poseía el don de metamorfosear aquello que deseaba, así que cambiaba de color los cuernos y los lomos de las vacas y nadie podía reconocerlos.

Pero a Sísifo no se le podía infravalorar. Furioso porque no parecía haber manera de confirmar sus sospechas, grabó una doble *S* en el interior de las pezuñas de sus animales.

A la mañana siguiente, como siempre, faltaban algunas vacas. Sísifo siguió el rastro y fue a parar directamente a casa de su vecino. Lleno de rabia, convocó a todos los hombres de la región para que fuesen testigos de las malas artes de Autólico.

—Esta noche me han vuelto a robar unas vacas. Pero ya tengo el nombre del ladrón: Autólico.

Los otros vecinos, que probablemente también habían visto decrecer sus rebaños, miraron acusadores a Autólico, quien protestó:

—¿Cómo te atreves a venir a mi casa y ofenderme de esta manera? Mira entre mis animales y, al no encontrar ninguno de los tuyos, te verás obligado a disculparte ante los testigos que has traído.

Los vecinos asintieron, observando esta vez con desconfianza a Sísifo. Pero Sísifo comenzó a revisar las pezuñas de los animales.

—Curiosa manera de reconocer a tus ejemplares —rió incómodo Autólico.

Y al cabo de un momento, Sísifo descubrió una de las vacas robadas y pudo demostrar que, a pesar de que antes era negra y ahora blanca, llevaba la doble *S* en la parte interior de las pezuñas.

Este hallazgo provocó el enojo de todos los presentes, que comenzaron a increpar a Autólico y a buscar entre sus rebaños intentando reconocer las vacas que también les habían desaparecido.

Autólico iba de un lado a otro intentando calmar los ánimos. Y en medio del caos y la confusión, Sísifo desapareció. Sabía que a la mañana siguiente se casaba la hija de Autólico, la hermosa Anticlea, y que se iba a marchar con su esposo, el rey Laertes, hacia Ítaca. Así que aprovechó el revuelo que había creado para colarse dentro de la casa de Autólico.

Allí permanecía Anticlea, que, ajena a los problemas de su padre, se probaba el vestido de novia. Estaba atareada recogiendo su melena pelirroja en una graciosa cola. Al verlo, la chica dio un salto de miedo y sorpresa. Sus mechones cayeron desordenados alrededor del cuello blanco y la túnica a medio poner delató las formas de su cuerpo. Sísifo salvó, con dos grandes pasos, el espacio que los separaba. La tomó entre sus brazos y la besó apasionadamente.

La cicatriz del jabalí

Nueve meses después, Anticlea dio a luz a un niño que tanto podía ser de Sísifo como de Laertes. Muchos apuestan por el primero porque piensan que solo aquella combinación de genes podía haberse materializado en un hombre tan excepcional como llegaría a ser Odiseo.

Autólico ancló su nave en Ítaca a la mañana siguiente del nacimiento, impaciente por conocer a su primer nieto. Después de cenar, la nodriza Euriclea puso el bebé en sus brazos y Autólico lo observó embelesado.

La madre del pequeño sonrió y le preguntó:

—Decidme, padre, ¿cómo debo llamarlo?

Autólico no pensó mucho:

—Durante toda mi vida, mi corazón se ha visto irritado por hombres y mujeres. Dadle por nombre Odiseo, que significa «el enojado». Y el día en que ya sea un hombre, dejad que venga al Parnaso, donde tengo mis bienes; le daré una parte de ellos y haré que regrese contento.

Eso mismo hizo Odiseo cuando creció: viajó al Parnaso. Sus abuelos y sus tíos lo recibieron encantados, le ofrecieron un gran banquete y lo invitaron a participar en la cacería del jabalí.

El día señalado, los cazadores salieron al despuntar el alba. Anduvieron durante mucho tiempo sin ver jabalíes que esperaran ser cazados cuando, de pronto, de la parte más espesa del bosque, surgió uno. Odiseo fue el primero en reaccionar y le clavó la lanza con valor. Sin embargo, antes de caer muerto al suelo, el animal tuvo tiempo de hundir un colmillo en su rodilla. La herida no era grave, pero le dejó, para siempre, la gran cicatriz que lo traicionaría muchos años después.

El juramento de los pretendientes de Helena

A Ítaca llegó la noticia de que la mujer más bella del mundo, Helena, ya había alcanzado la edad de contraer matrimonio. Odiseo viajó a Esparta para comparecer como aspirante. Pero como sus esperanzas de conseguirla eran prácticamente nulas, se presentó con las manos vacías, sin ningún regalo.

El panorama que encontró era desolador. La corte del rey de Esparta desbordaba pretendientes.

Príncipes de todas las regiones de Grecia se disputaban la mano de aquella mujer de belleza extraordinaria. La tensión se palpaba en el ambiente.

El padre de la novia estaba muy preocupado. Todavía no había aceptado ninguno de los valiosos regalos de los pretendientes para que no se rompiese el delicado equilibrio que permitía que aquella incómoda reunión no degenerase en una guerra.

Al llegar, Odiseo hizo una clara lectura de la situación. Tal como había previsto, casarse con Helena era una misión imposible. Sin embargo, su prima Penélope, que era absolutamente deliciosa, no era un mal partido.

Así que Odiseo se entrevistó con el rey.

—Veo que tienes un grave problema, al que yo podría encontrar fácil solución.

—No te engañaré, Odiseo, estoy desesperado —confesó el rey.

—Si me ayudas a conseguir a la bella Penélope como esposa, yo te ayudaré a deshacerte de todos estos príncipes.

—Trato hecho.

Odiseo, que ya destacaba por su gran sagacidad, hizo la siguiente propuesta:

—Mi consejo es que, antes de que Helena elija esposo, obligues a todos los pretendientes a pronunciar un doble juramento: primero, que respetarán la decisión de Helena.

—¿Y segundo?

—Que si alguno no lo hace, el resto se levantará en armas para defender al elegido.

Los pretendientes aceptaron estas condiciones y, uno a uno, procedieron con el trascendental juramento. A continuación, Helena escogió como esposo al héroe Menelao coronándolo con una guirnalda de flores.

El progenitor de Helena cumplió su palabra y Penélope se casó con Odiseo.

En caso de haber seguido las reglas del juego establecidas, Odiseo se hubiese quedado en Esparta porque aquella era la patria de su esposa. Pero Odiseo no se imaginaba lejos de su amada Ítaca, así que decidió llevarse allí a Penélope.

Cuando el padre de la chica vio cómo el carro con los novios se alejaba, empezó a correr tras él suplicando a Penélope que se quedara. Los ojos de la joven se llenaron de lágrimas y Odiseo advirtió que intentaba ahogar los sollozos. Detuvo el carro y miró a su hermosa esposa:

—O vienes a Ítaca por tu propia decisión o te quedas con tu padre pero sin mí.

La única respuesta de Penélope fue descubrirse el velo. Entonces, el padre, deshecho en lágrimas, se dio cuenta de que ella había elegido y la dejó marchar.

La locura de Odiseo

Algún tiempo después, Odiseo contemplaba los prados verdes, llenos de ganado, y la tierra de Ítaca que tanto amaba. Se sentía feliz con su vida. Su padre Laertes le había cedido gustoso el trono y ahora él era el rey de Ítaca. Su adorada Penélope acababa de darle un hijo, a quien había puesto el nombre de Telémaco. Los días transcurrían felices y serenos.

¿Por qué, entonces, sentía que los nubarrones se acercaban para oscurecer su futuro? Los rumores sobre unos hechos cruciales acababan de llegar a la isla. La bella Helena, la mujer más hermosa del mundo, había sido raptada por Paris, príncipe de Troya. Odiseo recordaba las palabras de un viajero que había sido su huésped:

—Helena ha abandonado a su esposo Menelao y se ha llevado muchos de los tesoros de Esparta. El rey Menelao reclama que todos los que realizaron el juramento respondan con las armas a esta afrenta que ha sido hecha a toda Grecia.

Odiseo se dio cuenta, entonces, de que aquel juramento tan ingenioso que había ideado para conseguir a Penélope se había vuelto contra él.

El día que supo que un navío de la flota de Agamenón acababa de anclar en el puerto de Ítaca, lanzó con rabia el vino que hacía un momento degustaba con placer. En su mente retumbaron las palabras del oráculo:

—Si vas a Troya, tardarás veinte años en regresar.

Cuando Agamenón, acompañado de los héroes Menelao y Palamedes, desembarcó, fue Penélope quien los recibió y los acogió como los honorables huéspedes que eran.

¿Dónde estaba Odiseo? Penélope, que arrullaba al pequeño Telémaco en sus brazos, hizo un gesto resignado y los acompañó a la playa. Allí Odiseo ofrecía un espectáculo caricaturesco.

Llevaba en la cabeza una gorra de fieltro de campesino en forma de medio huevo que le confería un aspecto ridículo y pretendía labrar con un asno y un buey unidos en el mismo yugo. Además, mientras avanzaba, iba tirando sal a su espalda. Era evidente que había enloquecido. Ni siquiera reconoció a los recién llegados.

Pero Palamedes tuvo una ocurrencia que con el tiempo resultaría letal para él. Tomó a Telémaco de los brazos de su madre y lo colocó en el camino del arado. Odiseo detuvo de golpe el artilugio para que los animales no mataran a su hijo, y entonces quedó claro que estaba fingiendo su locura. El yugo había quedado en el décimo surco, a pocos centímetros de Telémaco, y teniendo en cuenta que Telémaco significa «batalla decisiva», Palamedes incluso tuvo ganas de profetizar y afirmó que esta se produciría en el décimo año. Odiseo no lo perdonó nunca.

Odiseo se venga de Palamedes

Cuando Odiseo discernió que no tenía escapatoria, comenzó a trabajar por la causa griega con todas sus fuerzas. Poseía unas cualidades de las que pocos hombres podían preciarse: era buen orador, astuto, inteligente, persuasivo... Agamenón pronto se dio cuenta del potencial del rey de Ítaca y le concedió un lugar preferente entre sus hombres de confianza, con derecho, incluso, a participar en los consejos de guerra que reunían a los grandes comandantes.

Al principio de la guerra, Odiseo fue uno de los embajadores más eficaces en el momento de reclutar la flota que zarparía hacia Troya. Gracias a su astucia, el héroe Aquiles fue descubierto entre las mujeres de la corte de Esciros. Pero no todo fueron éxitos: el rey de Chipre, por ejemplo, se burló de él prometiéndole que enviaría cincuenta naves. Y al Áulide, el punto de encuentro, llegaron cincuenta naves, una de verdad y cuarenta y nueve pequeñas de barro con muñecos como tripulantes.

Un día, cuando ya se acercaba el décimo año de la guerra de Troya, el rey Agamenón envió el navío de Odiseo a Tracia en busca de forraje, pero el héroe regresó con las manos vacías. Palamedes le espetó:

—Si no fueras un cobarde y la pereza no gobernara tu cerebro, habrías encontrado los cereales.

Odiseo, profundamente dolido, respondió:

—No ha sido culpa mía que no hallásemos forraje. A ti no te hubiera ido mejor que a mí.

—Escúchame bien, Odiseo. Tus palabras me las tomo como una cuestión personal. Ahora mismo me embarcaré y regresaré con el barco lleno para que tu vergüenza sea mayor —gritó Palamedes, furioso. Y cuando regresó, traía el navío repleto de cereales.

Para Odiseo, el asunto también se convirtió en una cuestión personal: la de eliminarlo. Durante días y días no dejó de pensar en cómo vengarse de Palamedes, a quien ya odiaba desde hacía tiempo porque había descubierto que su locura era fingida.

Así que, después de una poco honorable conspiración, Odiseo consiguió que el ejército griego creyera que el inocente Palamedes era un traidor.

Y el ejército, que en estos temas era implacable, lo mató lapidándolo sin acordarse de su valor en el combate. Odiseo había satisfecho, finalmente, su venganza.

El arco y las flechas de Heracles

Habían transcurrido diez años de guerra. Aquiles estaba muerto. Los griegos comenzaban a desesperarse porque no veían un final para aquella historia. Agamenón llamó al adivino Calcante y este profetizó:

—Troya no caerá hasta que las flechas de Heracles no luchen de parte de los griegos.

El rey de Micenas dirigió una mirada preocupada a Odiseo. El propietario de aquel arco y de las flechas era Filoctetes. Odiseo dijo con una sonrisa forzada:

—¡Pobre Filoctetes! Recuerdo como si fuese ayer el momento en que la serpiente lo mordió. ¡Qué gritos tan horribles profería! ¡Y qué olor tan insoportable salía de su herida!

—Sí, Odiseo, y tú tuviste la idea de abandonarlo en la isla de Lemnos porque el ejército griego ya no podía soportar sus gemidos ni la pestilencia de la herida. Filoctetes no se lo tomó demasiado bien. ¿No crees que todavía estará enfadado?

—No lo sé, pero ten por seguro que volveré con el arco y las flechas de Heracles —dijo Odiseo, y junto con Diomedes, zarpó hacia la isla de Lemnos.

Cuando llegaron, la herida del famoso arquero no había mejorado demasiado. Filoctetes todavía padecía un gran sufrimiento. Había pasado todos aquellos años alimentándose de las aves que podía cazar gracias al arco y las flechas de Heracles. Resultó muy difícil convencerlo; ni engaños, ni sobornos, ni amenazas… Pero, finalmente, con la esperanza de que lo sanaran en el templo de Apolo*, cerca de Troya, el arquero viajó con ellos.

El papel de Filoctetes, ya curado, en la guerra de Troya sería muy importante porque fue él quien acabó con la vida de Paris, el raptor de Helena.

Cuando Paris murió, Heleno y Deífobo, dos de los hijos del rey Príamo, se enfrentaron por conseguir a la viuda Helena, la mujer más bella del mundo. Una noche que la muchacha intentó escapar para regresar con los griegos, Deífobo la tomó por la fuerza y se casó con ella. A los troyanos no les gustó este acto. Su hermano Heleno, furioso, abandonó la ciudad.

Las revelaciones de Heleno

Troya continuaba siendo inexpugnable para los griegos, y el adivino Calcante volvió a entrar en acción. Reveló que solamente Heleno —el hermano de Paris y Deífobo que había abandonado Troya— conocía los oráculos secretos que protegían la ciudad.

Como siempre, Agamenón envió a Odiseo para que capturase al troyano y lo llevase al campamento griego. No resultó demasiado difícil hacerlo prisionero. El propio Odiseo se encargó del interrogatorio y pronto venció su resistencia. Heleno dijo entre bocanadas de sangre:

—Los oráculos son claros y concisos. Troya caerá este verano si cumplís tres condiciones: traeréis a vuestro campamento el hueso del hombro de Pélope, el hijo de Aquiles combatirá en el campo de batalla, y robaréis el Paladio de Atenea* de la ciudadela porque, mientras permanezca en ella, no se podrá abrir ninguna brecha en las murallas de la ciudad.

Agamenón envió inmediatamente a algunos mensajeros a Pisa para que recuperaran el hombro de Pélope. Una segunda embajada partió hacia la isla de Esciros para reclutar al único hijo de Aquiles, que algunos afirman que tan solo tenía doce años de edad. A pesar de ello, la genética pesaba mucho y corría por sus venas la sangre de un gran guerrero. Para conseguir que aceptara, Odiseo le entregó las armas de su padre Aquiles, que había ganado a Áyax.

El robo del Paladio

La tercera condición para ganar Troya pasaba por obtener el Paladio. Era una estatua de la diosa Palas que tenía propiedades mágicas y que hacía inexpugnable la ciudad que la custodiaba. De esta manera, Troya se había preservado durante diez años.

Odiseo y Diomedes se presentaron voluntarios para robarlo. Al llegar la noche, bajo la luz de la luna, se dirigieron hacia las murallas. Odiseo apoyó la escalera y comenzó a subir.

—¡Maldición, Diomedes! —gritó en voz baja—. ¡La escalera es corta!

—¡Ayúdame a subir y después yo te izaré! —le contestó Diomedes.

Diomedes trepó ágilmente por el cuerpo de Odiseo, pero cuando llegó a la cima, en vez de ayudar a su compañero a subir, se marchó para llevar a cabo la misión en solitario.

Odiseo se sentía furioso; la ira lo devoraba, pero esperó a que Diomedes regresara con la estatua de la diosa e incluso lo ayudó a bajar por la escalera.

Cuando iban caminando hacia el campamento griego, el enojado Odiseo se quedó algunos pasos atrás, desenvainó la espada y se dispuso a matar a Diomedes.

Diomedes, que no había querido ni enseñarle la estatua y que ya soñaba con la gloria que le reportaría aquella gesta, caminaba mirando el suelo iluminado por la luna. De repente vio la sombra de una espada que se cernía sobre él y, con la velocidad del relámpago, desenvainó la suya y se volvió. Odiseo, descubierto, se negó a luchar. Diomedes lo golpeó con la espada plana y lo obligó a andar delante de él hasta que llegaron al campamento griego.

El caballo de madera

En aquellos momentos, los griegos comenzaban a darse cuenta de que Troya no podía ser tomada por la fuerza, sino que hacía falta la astucia. Y así surgió la idea de construir un caballo de madera para llenar su vientre de guerreros. De esa manera podrían penetrar en la ciudad asediada y tomarla con nocturnidad y alevosía.

Muchos se atribuyeron el mérito de la idea; entre ellos, claro está, Odiseo. Fuera él quien tuvo la inspiración o no, lo cierto es que el propio Odiseo se encargó de hacerla realidad y también preparó toda la estrategia para destruir la codiciada ciudad de Troya.

Astutamente, los griegos difundieron el rumor de que iban a construir un caballo gigante de madera que dedicarían a la diosa Atenea para que les asegurara un retorno favorable a Grecia, rumor que llegó a la ciudad de Troya. Mientras tanto, los soldados se jugaban a suertes quiénes se ocultarían dentro de la barriga del caballo. Entre los elegidos se contaban Menelao —el marido de la secuestrada Helena—, el hijo de Aquiles, Diomedes y el propio Odiseo.

La noche en que el plan se puso en marcha, los griegos quemaron sus campamentos y zarparon en sus naves. Era preciso que los troyanos creyeran que estaban camino de Micenas cuando, en realidad, toda la flota se ocultaba al abrigo de la isla más cercana.

A la mañana siguiente, los troyanos se sintieron llenos de alegría. Abrieron las puertas de la ciudad y fueron a visitar el campamento abandonado de los griegos y la costa desierta. Todos quedaban impresionados al ver el caballo de madera.

En seguida se perfilaron dos posturas: los que querían adentrar el caballo en la ciudad y los que pensaban que era mejor destruirlo.

El rey Príamo dudaba cuando se oyeron los gritos del adivino Laocoonte, que bajaba por la ladera.

—¿Os habéis vuelto locos, infelices troyanos? ¿Pensáis que el enemigo se ha marchado? ¿Creéis que puede haber una ofrenda griega sin traición? ¿Es que no conocéis a Odiseo? ¡No os fiéis de este caballo!

Y lanzó con todas sus fuerzas una enorme jabalina contra el vientre del animal, que quedó allí clavada y vibrando. A los oídos atemorizados de los troyanos llegó un gemido de las profundas cavidades del monstruo.

Efectivamente, dentro del vientre del caballo, los guerreros griegos temblaban de terror; algunos lloraban y otros estaban inmersos en silenciosos ataques de pánico. El hijo de Aquiles era el único que permanecía impasible. No se había movido ni siquiera cuando la punta de la lanza de Laocoonte atravesó la madera a pocos centímetros de su cabeza. Una y otra vez hacía señas a Odiseo, que era quien mandaba, para que ordenase el ataque. Pero Odiseo sabía que todavía no había llegado el momento.

El caballo entra en la ciudad

De repente, dos serpientes gigantes surgieron del mar, se lanzaron contra el adivino Laocoonte y sus hijos, los mataron ahogándolos y después corrieron a refugiarse en el templo de Atenea. Los ciudadanos de Troya interpretaron esta acción como un castigo de la diosa Atenea a Laocoonte porque había disparado su lanza contra el caballo.

Así que, en medio de grandes fiestas y honores, llevaron el caballo hasta las puertas de Troya. Para hacerlo entrar en la ciudad fue necesario abrir una brecha en la propia muralla y, entre esfuerzos descomunales, hicieron llegar la enorme ofrenda hasta el templo de Atenea. Cuatro veces tropezó el caballo y en su vientre se oyeron entrechocar las armas. Pero los troyanos, increíblemente, se mostraron sordos y ajenos a estas evidencias.

Así que, por la noche, cuando Troya cayó dormida, las naves griegas aparecieron amenazadoras en el horizonte y atracaron de nuevo en la costa.

La destrucción de Troya

Los guerreros abrieron la trampa oculta en el vientre del caballo y saltaron rápidamente. Unos corrieron a acabar con los pocos centinelas que había y otros a abrir las puertas de la ciudad a los miles de soldados que esperaban para destruirla.

A continuación se produjo la masacre más cruel y despiadada. Los soldados griegos eliminaron a muchos troyanos que todavía dormían y comenzaron a quemar sus casas. En medio del caos y la confusión, Menelao y Odiseo se dirigieron hacia el palacio de Deífobo, el hijo del rey Príamo que había forzado a Helena a casarse con él tras la muerte de Paris. Allí libraron una lucha encarnizada hasta que se encontraron cara a cara con Deífobo. Nunca ha quedado claro quién lo mató, si fue Odiseo o Menelao… O Helena.

Menelao había jurado acabar con su esposa adúltera, pero no lo hizo. Algunos dicen que Helena asesinó a Deífobo clavándole una daga por la espalda. Cuando él cayó muerto a tierra, Menelao se enfrentó con la visión de su mujer, extraordinariamente bella, con la daga llena de sangre en la mano. No se sintió capaz de matarla. La tomó en brazos y la llevó hacia sus naves.

Mientras, los griegos acabaron de saquear e incendiar Troya, se repartieron el botín y las mujeres y ofrecieron sacrificios a los dioses.

Comienza la Odisea

Una vez arrasada Troya, Odiseo se hizo a la mar con Agamenón. No le pareció extraño, sin embargo, que una súbita tempestad separara sus naves de las de Agamenón. El oráculo había profetizado que todavía tardaría diez años en volver a Ítaca.

La tempestad lo llevó al país de los cicones*. Allí Odiseo atacó la ciudad de Ismaro, mató a todos sus habitantes y consiguió un gran botín en mujeres y riquezas. Solamente respetó la vida de un sacerdote de Apolo y, como compensación, recibió de él doce jarras de un vino único, dulce y fuerte.

En cuanto dejaron atrás el país de los cicones, vientos favorables acercaron raudos las naves de Odiseo hacia Ítaca. Como si de una broma del destino se tratara, en el momento en que el héroe ya sentía el olor de su tierra en su corazón, comenzó a soplar un violento viento del norte que arrastró las naves directamente al país de los lotófagos*.

Odiseo desembarcó para aprovisionarse de agua e, inducido por su curiosidad, envió tres exploradores para conocer quiénes habitaban aquellas tierras. Los exploradores se encontraron con los afables lotófagos que los obsequiaron con los frutos del loto. Aquella planta poseía un poderoso efecto y quien comía de ella perdía completamente el recuerdo de su país. Esto explica que los exploradores no regresaran al navío para informar sobre sus descubrimientos.

Odiseo, al ver que tardaban tanto, fue personalmente a buscarlos. Y se vio obligado a arrastrarlos a las naves, mientras ellos lloraban e intentaban liberarse de las ataduras con que los llevaba prisioneros. Tal era el deseo que infundía la planta del loto de quedarse para siempre en aquel país.

El cíclope Polifemo

Cuando avistaron tierra de nuevo, Odiseo volvió a sentir curiosidad por conocer aquella tierra y a sus gentes. Dejó las otras naves en la bahía y marchó con su barco a explorar el resto del país. Atracaron al lado de una cueva. Odiseo no podía imaginarse que aquel era el hogar de uno de los cíclopes*, hijos del dios Poseidón, que eran gigantes de un solo ojo con una predilección malsana por la carne humana.

Odiseo, impaciente por conocer al dueño de la cueva, se llevó algunos hombres y un odre del vino que le había dado el sacerdote cicón para agradecerle que lo hubiera dejado con vida.

La cueva del cíclope estaba perfectamente ordenada. En el interior de unos cercados se movían inquietos los carneros que no habían ido a pastar con su dueño, y unas limpísimas estanterías estaban repletas de quesos.

Los hombres de Odiseo sugirieron robar los quesos y algunos carneros y zarpar con la nave. Pero Odiseo sentía curiosidad por conocer al propietario de aquella cueva y no les hizo caso.

Hasta que no cayó el día no regresó el cíclope, y al entrar, tomó una enorme piedra y cerró la entrada. Odiseo y sus compañeros huyeron aterrorizados hacia el fondo de la cueva.

Entonces, aquel gigante de un solo ojo se dedicó a distribuir los carneros en los cercados, los ordenó, preparó los quesos con la leche…, y cuando iba a encender un gran fuego, descubrió a los huéspedes que no había invitado y gritó con una voz espantosa:

—¿Quiénes sois?

Odiseo se levantó para responder:

—Somos griegos. Veníamos de Troya, pero nos hemos perdido. Te pedimos que recuerdes tus deberes con los dioses y nos acojas como a tus huéspedes.

El cíclope rió estrepitosamente y le dijo:

—Poco miedo me dan a mí los dioses porque soy más fuerte que ellos, así que solo os convertiré en mis huéspedes si me da la gana.

Entonces, Polifemo se levantó de un salto y tomó a dos hombres con sus manos gigantescas. Los aplastó contra el suelo y se hizo la cena con ellos mientras los supervivientes lo observaban aterrorizados. Después bebió la leche y, sin ni siquiera darles las buenas noches, se puso a dormir.

Odiseo sintió el impulso de matarlo allí mismo, pero lo detuvo la certeza de que si lo hacía nunca podrían retirar la enorme losa de la puerta de la cueva y les esperaría una muerte terrible.

A la mañana siguiente, el cíclope Polifemo se zampó dos hombres más para desayunar y se marchó a trabajar. Aquel día, Odiseo y sus compañeros no permanecieron ociosos. Fabricaron una lanza y endurecieron su punta al fuego con la sana intención de clavársela en el ojo cuando estuviese durmiendo.

Por la noche, sin embargo, otros dos hombres no se libraron de convertirse en cena. Cuando ya estaba acabando de comérselos, Odiseo se acercó a él con el odre del vino del sacerdote cicón en las manos:

—Bebe este vino, cíclope, después de comer carne humana. Te lo ofrezco como obsequio.

El cíclope lo tomó y, como no lo había probado nunca, se lo bebió como si fuese agua. Era un vino excepcionalmente bueno y Polifemo, encantado, pidió más y más. Cuando sus efectos ya comenzaban a enturbiarle los sentidos, el cíclope preguntó con la voz pastosa:

—Forastero, dime cómo te llamas, porque quiero hacerte un regalo.

Odiseo, con una voz muy suave, le respondió:

—¿Quieres saber cuál es mi nombre? Pues mi madre y mi padre y los que me acompañan me llaman «Nadie».

Polifemo dio un último sorbo y, antes de caer dormido, dijo:

—Pues mi regalo es el siguiente: «Tú, Nadie, serás el último en ser devorado».

Y empezó a roncar. Los hombres de Odiseo sacaron la lanza de su escondrijo y la calentaron al rojo vivo. Entonces apuntaron al único ojo del cíclope, tomaron carrerilla y se la clavaron profundamente. Odiseo, subido encima del monstruo, giraba la lanza convirtiendo su punta en una barrena que penetraba implacable. Polifemo se levantó y comenzó a proferir unos aullidos que habrían hecho temblar al más firme. Los cíclopes que vivían cerca de su cueva acudieron en su ayuda. Polifemo gritaba:

—¡Nadie me mata con un engaño!

Los otros cíclopes movieron la cabeza afligidos. El pobre Polifemo estaba como una chota. Y cada uno regresó a su casa.

Por fin Polifemo, que todavía sufría un gran dolor, retiró la piedra de la puerta de la cueva y se sentó delante tocando a tientas para atrapar a Odiseo y a sus hombres si intentaban escapar.

Pero Odiseo ya había pensado en esta posibilidad, e hizo que sus hombres salieran colgados de las barrigas de los carneros que iban a pastar. Él mismo eligió el carnero más grande y más fuerte. Era el jefe del rebaño.

Cuando atravesaban la entrada, Polifemo les pasaba la mano por los lomos para asegurarse de que los hombres no estaban encima. Al traspasar la puerta de la cueva, el carnero que llevaba a Odiseo se detuvo ante Polifemo. El cíclope lo acarició entre gemidos y le dijo:

—¿Por qué sales el último hoy? ¿Echas en falta mi ojo sobre ti? ¿Este ojo que un hombre malvado ha cegado? Seguro que, si pudieras, me dirías dónde se oculta.

Y le dio una palmadita para que avanzara. Cuando los hombres de Odiseo estuvieron a suficiente distancia de la cueva se soltaron de los carneros, y como premio por haberlos salvado, se los llevaron al navío para convertirlos en ricos guisados. Rápidamente embarcaron e iniciaron la huida.

Cuando la nave pasaba por delante de la cueva de Polifemo, Odiseo no pudo reprimirse y gritó:

—¡Si alguien te pregunta, cíclope, la causa de la vergonzosa ceguera que sufres, dile que te la causó Odiseo, el que ha asolado Troya, el hijo de Laertes, que tiene en Ítaca su casa!

El cíclope, gimiendo, gritó:

—¡He aquí el Odiseo en manos del cual la profecía había anunciado que perdería la vista! Esperé siempre un hombre fuerte y de gran estatura. Y es un hombre pequeño y mezquino, un ser miserable que, para cegarme y vencerme, se ha valido del vino.

Y entonces invocó a su padre, el dios Poseidón, y le suplicó:

—¡Poseidón, el de la melena azul! ¡Padre mío! Si el destino de Odiseo es volver a Ítaca, haz que llegue tarde, perdidos sus hombres, en un bajel que no sea suyo y que encuentre el dolor más grande en su casa.

Poseidón lo escuchó y desde aquel día se convirtió en el enemigo número uno de Odiseo.

El saco de los vientos

Cuando los barcos de Odiseo avistaron la isla del dios Eolo, el señor de los vientos, dirigieron allí sus velas blancas.

El dios y su familia los acogieron con entusiasmo y durante un mes los trataron como invitados de honor. El día que Odiseo decidió zarpar, el dios le entregó un saco donde había encerrado todos los vientos que podían dificultar el regreso hacia Ítaca y le advirtió que no lo abriera. Solo dejó libre el favorable Céfiro, que los condujo rápidamente hacia la tierra amada.

Tan cerca llegaron de Ítaca que incluso veían a la gente encender el fuego de sus hogares. Odiseo, tranquilo y feliz por fin, dejó el timón que no había querido abandonar durante todos aquellos días. Se tumbó un momento para descansar, pero estaba tan agotado que el sueño le cerró los ojos.

Sus hombres comenzaron a murmurar:

—Llegamos a nuestra tierra con las manos vacías. En cambio, Odiseo tiene este saco lleno de oro que le ha dado el dios Eolo. ¡Miremos los ricos presentes con que lo ha obsequiado!

Y desataron el saco. El efecto fue terrible. Los vientos huyeron en desbandada y los navíos, convertidos en juguetes de las olas, fueron arrastrados de nuevo a alta mar. Los hombres contemplaron cómo, en un abrir y cerrar de ojos, Ítaca desaparecía de su vista.

Los vientos desbocados los condujeron de nuevo a la isla de Eolo, pero el dios no los recibió tan calurosamente como la primera vez.

—Marcha de nuestra isla, Odiseo. No me está permitido cuidar la vida ni el regreso de un mortal que los dioses odian.

El país de los lestrigones

Siete días después llegaban al país de los lestrigones*. Las naves anclaron confiadas en aquel puerto que tenía una bocana estrecha, pero era de aguas calmadas. Quién sabe por qué intuición, Odiseo dejó su barco fuera del puerto, amarrado en las rocas cercanas a la entrada.

Envió a tres hombres a explorar ordenándoles que siguieran el rastro que dejaban las carretas que llevaban leña al pueblo. Los exploradores marcharon a paso rápido y, cuando ya entraban en la ciudad, se toparon con una chica que iba a buscar agua a la fuente.

—¿Podrías decirnos, doncella, quién es el señor de estas tierras y si le gustan los forasteros?

Ella rió alegremente y les dijo:

—El rey de la ciudad es mi padre. ¡Y no os podéis imaginar cómo le apetecen los recién llegados!

La joven les indicó el camino del palacio y se dirigieron a él confiados. Nada más llegar, se quedaron de piedra al ver a la reina, alta como una montaña, quien inmediatamente llamó a su marido, que estaba en el ágora, pero se apresuró al saber que había llegado la cena.

Porque aquellos seres eran caníbales, y lo primero que hizo el rey fue tomar a uno de los exploradores, golpearlo contra el suelo con una gran habilidad y cocinarlo para cenar.

Sus compañeros, siguiendo una reacción muy humana, huyeron despavoridos. El rey dio la señal de alarma y de todas partes comenzaron a surgir enormes lestrigones que los persiguieron hasta el puerto. Los lestrigones se colocaron estratégicamente en las montañas que rodeaban el puerto y se dedicaron a tirar enormes piedras contra las naves, que no podían escapar por una salida tan estrecha.

Algunos lestrigones bajaron a la playa y allí, con afiladas varas, ensartaban —a la manera de pinchitos— a los hombres que capturaban y los amontonaban sobre la arena.

Odiseo subió a su navío, que, afortunadamente para él y para su tripulación había dejado fuera del puerto, y desenvainando la espada, cortó las amarras y huyó. El resto de naves y de hombres desaparecieron en el país de los lestrigones.

Un año al lado de Circe

Por fin llegaron a la isla de Eea. Allí desembarcaron y durmieron en sus playas dos días y dos noches enteras, agotados por la pena y el cansancio. Odiseo propuso enviar una partida de exploradores por la región, pero los hombres retrocedieron horrorizados. Nadie quería ir después de la experiencia del cíclope y de los lestrigones. Entonces, Odiseo dividió a los hombres en dos grupos, uno comandado por él mismo y el otro por Euríloco, y se jugaron a suertes quiénes saldrían a reconocer el terreno. Perdió Euríloco, que marchó tierra adentro con veintidós hombres.

Por el camino se dieron cuenta, aterrorizados, de que los seguían los leones y los lobos. Pero no parecían animales salvajes. Se acercaban moviendo la cola y gimiendo de forma lastimera. El miedo arrastró a aquellos hombres hasta el fondo de un valle de donde salía una columna de humo. Allí había un palacio y una mujer de una belleza extraordinaria tejía mientras cantaba una dulce canción. La idílica visión hizo que bajaran todas las defensas. Así que, cuando la joven los vio y los invitó a entrar en el palacio, ellos accedieron encantados. Solo Euríloco prefirió quedarse oculto porque desconfiaba.

La joven, que no era otra que la hechicera Circe —la tía de Medea—, los obsequió con una deliciosa mezcla de queso, harina, miel y vino. Los hombres, sentados alrededor de una gran mesa, degustaron la comida mientras bromeaban y reían como en los mejores tiempos.

Luego, Circe se levantó de la mesa sin perder aquella sonrisa exquisita y, uno a uno, comenzó a tocarlos con su varita. Y a medida que los iba tocando, aquellos hombres firmes comenzaban a perder su forma humana y se convertían en cerdos. Cuando hubo terminado, Circe les dio unos dulces golpecitos con la varita para conducirlos hacia el corral.

Euríloco, que desde su escondrijo lo había presenciado todo, tuvo suficiente. Comenzó a correr hacia la nave y cuando llegó, era tal su estado de conmoción que incluso le resultaba dificultoso hablar.

Ante el pánico que generó Euríloco con sus explicaciones, Odiseo se ciñó la espada y, completamente solo, se encaminó hacia el valle para rescatar a sus hombres. Lo hubiera tenido realmente difícil si los dioses que le eran propicios no hubieran decidido ayudarlo. Así que se le apareció el dios mensajero Hermes y le ofreció una hierba que impediría que Circe lo embrujara.

Cuando Odiseo llegó al palacio de Circe, se detuvo en la entrada y la llamó. La hechicera de cabello rizado llegó y, con aquel aspecto feliz que la hacía tan seductora, lo obsequió con una bebida refrescante. Pero Odiseo, que ya se había tomado las hierbas de Hermes, bebió y no quedó embrujado. La preciosa maga, que no se lo imaginaba, levantó su varita y le tocó la espalda mientras decía con una sonrisa encantadora:

—Ahora ve al corral de los cerdos a dormir con tus compañeros.

Pero Odiseo saltó hacia atrás, desenvainó la espada y la llevó al cuello de Circe. Ella retrocedió asustada y cayó de rodillas.

—Tú has sido el único que ha podido resistir a mis drogas. Tú debes de ser Odiseo, el de tantos ardides. Hermes me habló de tu llegada y ahora estás aquí.

Circe se abrazó a las rodillas del héroe:

—¡Oh, Odiseo! Envaina esa espada y ven a la cama conmigo. Si dormimos juntos, podremos confiar el uno en el otro.

—¿Cómo puedes pedirme que confíe en ti si mis hombres están en el corral convertidos en cerdos? ¿Crees que no sé que cuando me tengas en tu cama, que cuando esté desnudo a tu lado, te aprovecharás de mi debilidad? No te satisfaré hasta que no me jures que no tramarás ningún daño contra mí.

Circe hizo el solemne juramento y Odiseo no tuvo ninguna otra excusa para evitar los brazos ardientes de la hechicera.

Una vez cumplido este deber (que no fue demasiado penoso para el héroe griego), Circe lo ungió con aceites finos, lo vistió con una delicada túnica y preparó una mesa espléndida para él.

Pero Odiseo no probaba la comida. Circe lo miró afligida:

—¿Por qué no comes? ¿Piensas que quiero engañarte de nuevo?

—¿Qué hombre, Circe, podría comer y beber mientras sus compañeros están prisioneros?

Circe lo comprendió en seguida, convirtió a los cerdos otra vez en hombres y los obsequió con viandas y bebidas. Y así tuvo a toda la tripulación del navío durante más de un año, en su palacio, celebrando un banquete permanente.

Sin embargo, a pesar de la buena vida, los hombres comenzaron a acordarse de Ítaca y pidieron a Odiseo volver a hacerse a la mar. Odiseo esperó a que llegase la noche y, en el espléndido lecho de Circe, le suplicó que lo dejase marchar.

—No te retendré más en mi casa, pero piensa que antes de regresar a Ítaca debes viajar al Infierno para obtener el consejo del profeta ciego Tiresias.

El viaje al Infierno

El miedo se dibujó en el rostro de Odiseo.

—Dime, Circe, ¿quién nos guiará en este viaje? ¡Hasta hoy nadie ha ido nunca al Infierno en un navío!

—Deja que el viento Bóreas conduzca tu nave por todo el Océano hasta los bosques de la reina de las sombras, la diosa Perséfone. Allí desembocan los ríos del Infierno. En el punto donde se unen, se levanta una gran roca. Súbete a ella para invocar a los muertos y sacrifica un carnero blanco a Perséfone y un carnero negro a Tiresias. Entonces se acercarán a ti las sombras de los muertos, que querrán beber la sangre de los animales sacrificados para adquirir consistencia, pero no dejes que lo hagan hasta que no haya bebido Tiresias.

Odiseo se hizo a la mar y siguió las instrucciones de Circe al pie de la letra, pero en el momento en que la sangre de los dos carneros sacrificados ya regaba las tierras infernales sintió miedo de los desgarradores chillidos que proferían las sombras que querían beber la sangre. Con la espada en la mano y el corazón en un puño, impidió que se acercaran hasta que llegó Tiresias y bebió. El profeta ciego le dijo:

—Quieres regresar feliz a Ítaca, pero has enojado al dios Poseidón dejando ciego a su hijo. A pesar de todo, todavía tienes la oportunidad de conseguirlo si, al llegar a la isla donde pastan las vacas y los carneros del dios Sol, los respetas y no matas ninguno. Pero si tú o tus hombres osáis tocar alguno de aquellos animales, te anuncio ahora mismo que lo perderás todo, nave y tripulación. Si consigues salvarte, llegarás tarde y mal a tu amada Ítaca. Viajarás en un barco que no será tuyo y en tu casa encontrarás más males: unos hombres soberbios se comen tu hacienda mientras intentan forzar a tu esposa para que se case con uno de ellos.

»Pero aquí no se habrán terminado tus penas: cuando hayas restablecido la calma en Ítaca, no podrás quedarte para gozar de su paz. Entonces estarás obligado a tomar un remo y a caminar hasta el pueblo de los que no conocen el mar, no ponen nunca sal en la comida y no saben qué son los barcos ni los remos. El día que un viajero te pregunte adónde vas con un aventador* al hombro, aquel día, planta el remo en la tierra y haz sacrificios para apaciguar al dios Poseidón.

Tras estas palabras, Tiresias se marchó y las sombras se apiñaron de nuevo alrededor de Odiseo para probar la sangre y hablar con él. Su madre, Anticlea, estaba entre los muertos, y el héroe lloró porque no podía abrazarla después de saber que había muerto de pena y añoranza por su ausencia. También sus compañeros de guerra se presentaron: Aquiles, Áyax el Grande —que no quiso acercarse porque no lo había perdonado—, y también Agamenón, que, después de contarle que lo habían asesinado a traición al regresar de Troya, le recomendó que llegase a Ítaca de incógnito.

Las Sirenas

Odiseo salió sin problemas del Infierno y retomó el camino hacia Ítaca. Conocía los peligros a los que iba a tener que enfrentarse porque Circe se los había explicado. Ilusamente se sentía preparado para afrontarlos sin miedo.

Al avistar la isla de las Sirenas, ya sabía que aquellas criaturas, mitad mujeres, mitad aves, intentarían encantarlos con sus cantos maravillosos. Si lo conseguían acabarían muertos, aplastados contra los escollos de la isla y devorados por los crueles monstruos.

Pero Odiseo, que era un hombre curioso, quería, a pesar de todo, escuchar el canto de las Sirenas. Así que hizo que sus hombres se taparan los oídos con cera fundida y les ordenó que a él lo ataran del mástil del barco. Fue taxativo:

—No me soltéis de ninguna de las maneras, por mucho que os llame y os amenace. Si os suplico que me desatéis, haced más nudos a las cuerdas.

Con estas instrucciones encararon la proa hacia la isla. Y todavía no habían llegado cuando ya sonaban las voces divinas que le decían:

—Ven, famoso Odiseo. ¡Ven con nosotras y te contaremos cómo sufre la pobre Penélope! ¡Ven con nosotras y te diremos qué le ha ocurrido a tu amado hijo Telémaco!

Odiseo sintió que un ansia crecía dentro de su pecho. ¿Cómo podían aquellos monstruos saber qué era lo que le quitaba el sueño y la alegría de vivir? Las noticias que le había dado Tiresias sobre

Ítaca eran alarmantes. Su bellísima Penélope, ¿le era fiel o dormía ya en brazos de otro hombre?

Su cerebro, enturbiado por la música, comenzó a pensar que había sido un error permitir que lo ataran. Con un movimiento de cejas indicó a los hombres, que remaban muy rápido, que lo soltaran. Dos se levantaron al instante; sin embargo, en vez de liberarlo, añadieron nudos a sus ataduras. Odiseo se retorcía desesperado dentro de las cuerdas que lo mantenían prisionero. Lloraba y suplicaba, pero no le sirvió de nada.

Las rocas de Escila y Caribdis

Cuando dejaron atrás la isla de las Sirenas, se oyó un rugido tan espantoso que los hombres, sobresaltados, corrieron a desatar a Odiseo.

Circe le había hablado de aquella encrucijada. Odiseo debía tomar una decisión sobre el camino que prefería seguir.

A un lado estaban las Rocas Azules, aquellas que había atravesado la nave *Argo* hacía muchos años. Circe no estaba bien informada y Odiseo no sabía que, después de la gesta de los argonautas, habían quedado fijadas para siempre. Por eso enfiló la proa hacia las rocas de Escila y Caribdis.

Desde una de las rocas, el monstruo Caribdis tragaba con un ruido terrible las aguas saladas y después las vomitaba con gran violencia. Si la nave era succionada, no habría salvación posible, de manera que Odiseo ordenó que pasaran lo más alejados posible de la roca de Caribdis. Pero esta decisión tuvo un precio muy alto porque los obligó a acercarse demasiado a la roca de Escila.

Escila era el monstruo que habitaba la otra roca. Poseía seis cabezas de dientes afilados y vivía en una gruta. Nadie se dio cuenta de que las seis cabezas estaban saliendo de la cueva. Con una rapidez inaudita, cada cabeza se apoderó de un hombre y comenzó a devorarlo mientras, desde la nave, solamente se oían los gritos desgarradores de las pobres víctimas que pedían auxilio y que imploraban a Odiseo. Pero Odiseo no se atrevió a detenerse, sino que hizo que sus hombres remaran con más fuerza.

Cuando dejaron los escollos atrás, estalló ante sus ojos la visión maravillosa de la isla donde pastaban los rebaños de carneros y vacas del dios Sol.

Los carneros y las vacas del dios Sol

Antes de atracar, Odiseo hizo jurar a sus hombres que no sacrificarían ninguna de aquellas vacas o carneros sagrados.

—Pertenecen al Sol, el que todo lo ve y todo lo oye.

La tripulación del navío, aterrorizada, le aseguró que no tocaría los animales. Pero los dioses no eran favorables a aquellos hombres y, en los siguientes días, los vientos soplaron tan violentamente que la nave no podía hacerse a la mar.

Se agotó la comida que les había proporcionado Circe. Los hombres salían a cazar, pero siempre regresaban con las manos vacías. El hambre roía sus entrañas. Tal era el sufrimiento que esperaron a que Odiseo se durmiera para matar algunas vacas y organizaron un banquete. Al despertarse Odiseo y oler la carne asada, sintió que las fuerzas lo abandonaban.

—¡Oh, Zeus y divinidades eternas! ¡Me habéis dormido con un sueño implacable para que, mientras tanto, mis hombres cometiesen un gran crimen!

Y no se equivocaba, porque el Sol ya estaba amenazando furioso a Zeus.

—Si a cambio de mis vacas muertas no me proporcionas una venganza digna, yo mismo bajaré al Infierno para dar la luz a los muertos.

Y Zeus prometió que destruiría a los infractores.

Odiseo pierde la nave y los hombres

Aquel mismo día, los vientos contrarios dejaron de soplar en la isla de las vacas y los carneros del dios Sol. Los corazones de los hombres de Odiseo se llenaron de esperanza. El de Odiseo, no. La nave se hizo a la mar rápidamente. Sin embargo, en el mismo momento en que dejaron de avistar la tierra, Zeus envió una nube negrísima que se situó amenazadora encima del navío.

La noche llegó en pleno día y se produjo un silencio que no presagiaba nada bueno. Los hombres corrían de un lugar a otro llenos de pánico. De repente se desencadenó una tempestad terrible y la fuerza del viento partió el mástil. Entonces Zeus hizo sonar un poderoso trueno y lanzó sobre el barco su rayo. La nave quedó hecha pedazos. Los hombres cayeron al agua y se ahogaron; ninguno sobrevivió.

Solo Odiseo, que no había cometido el sacrilegio con los animales del dios Sol, pudo atrapar unos maderos y, sobre la marcha, atarlos como si fueran una balsa.

El mar encrespado lo arrastró hacia los escollos de Escila y Caribdis. Odiseo pensó que aquello era el final. Las aguas lo llevaban irremediablemente hacia Caribdis, que estaba absorbiendo toda el agua. El héroe se fijó entonces en un pequeño árbol que sobresalía de la roca y, cuando estuvo a su vera, saltó mientras la improvisada balsa era atraída por el monstruo. Allí colgado, sin poder apoyar los pies en ninguna parte, Odiseo esperó, al límite de sus fuerzas, que Caribdis vomitara los maderos que le servían de navío. Y entonces se dejó caer al agua y aprovechó para escapar. Que Escila no lo viera, fue una casualidad. Aquel día tal vez había algún dios que velaba por él.

Pasó de nuevo largas jornadas sobre aquellas tablas y, al final, fue a parar a la isla de Ogigia, donde vivía Calipso.

El prisionero de Calipso

La ninfa Calipso se enamoró de él a primera vista y construyó para los dos un nido de amor en su gruta. Pero Odiseo no podía amarla. Pasaba las noches en los brazos de la ninfa y los días sentado en la playa mirando el horizonte con el corazón roto por el dolor. Calipso no parecía darse cuenta. Lo llenaba de pequeños placeres y de caprichos e, incluso, le ofreció la inmortalidad. Odiseo perdió la cuenta de los años en sus brazos.

Un día, aprovechando que el dios Poseidón estaba de viaje, la diosa Atenea —que siempre había mostrado debilidad por Odiseo— reprochó a su padre Zeus que el héroe todavía no hubiera podido regresar a su casa. Zeus estuvo de acuerdo y ordenó a Calipso que diera la libertad a su prisionero. Calipso se estremeció al oír estas órdenes, pero fue en seguida a la playa donde Odiseo pasaba sus días soñando con Ítaca.

—¡Desafortunado Odiseo! ¡No consumas más tu vida aquí! De buen grado te dejo marchar si es lo que deseas. Constrúyete una balsa y yo la llenaré de provisiones y de vino.

Odiseo se sobresaltó al oír aquellas palabras.

—No me embarcaré si primero no me juras que no tramarás ningún plan maligno que me destruya.

Calipso se sentó a su lado, acarició aquellos rizos tan amados y después besó los labios salados con suavidad.

—No eres justo diciendo palabras como esas. Yo te trataré igual que me gustaría que hicieran conmigo si me encontrara en circunstancias similares.

Por la noche, cuando acababan de cenar, Calipso intentó convencerlo otra vez de que se quedara:

—Cuando regreses, Odiseo, solo encontrarás dolor. Y Penélope no creo que pueda competir conmigo, ni en su aspecto ni en su cuerpo, porque ninguna mortal puede competir con una diosa.

Odiseo la miró con rostro serio:

—No te enfades, Calipso. Ya sé que Penélope nunca podrá parecerse a ti porque ella es mortal y tú no verás nunca impreso en ti el paso del tiempo. Pero sabes bien que, desde que llegué, solamente he tenido en el pensamiento regresar a mi casa. Ahora, por fin, veo brillar el día del retorno.

Poseidón descubre la balsa de Odiseo

En pocos días la balsa quedó terminada y Odiseo se hizo de nuevo a la mar. Navegó durante diecisiete días, pero el día que sumaba dieciocho tuvo la mala suerte de cruzarse con el propio Poseidón, que regresaba de su viaje a Etiopía.

Cuando el dios vio al héroe en el mar, remando en la balsa, sintió que la ira crecía en su interior. Empuñando su tridente convocó a las nubes y sacudió las aguas de tal manera que, de repente, las olas se volvieron salvajes.

Odiseo sintió que tanto su corazón como sus rodillas temblaban. Y en aquel mismo momento, una ola gigante hizo naufragar la balsa. Odiseo comenzó a hundirse. Le fallaba la respiración y le estallaban los pulmones. Casi al límite de sus fuerzas se desprendió de los ricos y pesados trajes con que lo había obsequiado Calipso y consiguió volver a la superficie. A su lado flotaba un madero de la balsa y se abrazó a él para esperar la muerte.

Otros dioses, sin embargo, velaban por él, y entre las olas apareció una diosa marina con forma de gaviota que le ofreció un velo que lo salvaría de ahogarse. Odiseo se envolvió con el velo de la diosa y comenzó a nadar. Aquel velo lo mantuvo a flote durante los dos días que necesitó para llegar al país de los feacios. Una vez en la arena, Odiseo se desprendió de él y lo lanzó al mar; poco después, la propietaria del velo prodigioso esbozaba una sonrisa feliz al recuperarlo.

Mientras, Odiseo, haciendo uso de las últimas fuerzas que le quedaban, se arrastró hasta un bosquecillo y allí, oculto entre la espesa vegetación, cayó dormido.

El país de los feacios

Tan agotado estaba Odiseo que durmió horas y horas sin tener ningún conocimiento de lo que pasaba más allá del nido de hojas que se había preparado. Cuando el día estaba ya muy avanzado, un ruido lo despertó. Muy cerca de donde yacía, se oían los gritos alegres de unas jóvenes que jugaban a la pelota.

Odiseo se levantó y, como iba completamente desnudo, buscó una rama bien espesa que tapara aquello que no consideraba pertinente enseñar en tales momentos.

Entonces salió de su escondite. Casualmente, la pelota fue a parar a sus pies. El juego se detuvo. Todo quedó en silencio durante un momento. Y a continuación, aquellas chicas jóvenes y juguetonas profirieron los gritos escandalizados que correspondían a la situación y se dispersaron corriendo por la playa.

No es extraña esta actitud si uno tiene en cuenta el aspecto deplorable que ofrecía Odiseo después de haber estado tantos días en el agua. Su notorio agotamiento, la sal pegada por todas las partes del cuerpo, las heridas de los golpes que había recibido durante la tempestad… Realmente debía de provocar miedo.

Sin embargo, la dueña y señora de las jóvenes no huyó. Era la bella Nausica, la hija del rey. Ella se quedó en pie, cara a cara con el desconocido, con la dignidad de una gran dama.

Odiseo, astutamente, pensó en cómo ganarse su favor. No le pareció buena idea lanzarse físicamente a sus pies para pedirle auxilio. Así que optó por ejercitar sus dotes de orador.

—Te imploro, ¡oh, reina! ¿Eres una diosa o una mortal? Si eres mortal, he de decirte que nunca, con mis ojos, he visto una parecida y que me he quedado prendado de ti. Tanto que ni siquiera me atrevería a abrazar tus rodillas. ¡Oh, reina, ten piedad de mí! Estoy desbordado por los males. Después de muchas miserias, la primera persona que veo eres tú y ni siquiera conozco el nombre de los que viven y respiran en esta región. ¡Enséñame la ciudad! ¡Ofréceme un trapo para que pueda cubrirme! ¡Y que los dioses te concedan todo lo que deseas y ambicionas!

¿Quién podía negarse a una elocuencia tan bien planificada? Nausica sonrió complacida e hizo que sus doncellas lo bañasen, lo vistieran y lo dirigieran hacia el palacio. Los reyes lo acogieron y se conmovieron al oír su triste historia. Lo obsequiaron con sus más valiosos regalos y pusieron un barco a su disposición para que viajara hasta Ítaca. Parecía que, finalmente, había llegado el esperado momento del regreso.

Poseidón castiga a los feacios

La nave feacia volaba por encima de las olas. Odiseo, que todavía no se había recuperado de su cansancio, cayó profundamente dormido.

Tan fuerte era su sueño que ni siquiera se apercibió de que llegaban a puerto. Curiosamente, los marineros feacios optaron por no despertarlo. Lo bajaron del navío y lo dejaron allí, dormido, en la playa, con todos los tesoros que le habían dado en su país formando un montón al lado de un árbol. Entonces se hicieron otra vez a la mar y desaparecieron en el horizonte.

Pero el dios Poseidón estaba muy enfadado porque Odiseo había conseguido llegar a su isla y dijo a Zeus:

—Nunca dije que impediría que Odiseo volviera a su tierra. Pero me siento furioso porque ha llegado con tantos bienes y presentes que ni con la victoria de Troya hubiese tenido un botín parecido. ¡Quiero castigar a los feacios!

Zeus no se atrevió a decirle que no. Así que cuando la nave feacia ya avistaba su ciudad y se disponía a entrar en el puerto, Poseidón le dio un fuerte golpe y la convirtió en una roca que cubrió, por siempre jamás, la vista de la ciudad desde el mar.

Odiseo no reconoce su tierra

Mientras la desafortunada nave feacia se convertía en piedra, Odiseo despertaba de su sueño en la playa donde lo habían dejado. Desconcertado, miró a su alrededor y no reconoció nada de lo que veía. Por un momento se imaginó que los feacios lo habían engañado y cayó en la más profunda de las desesperaciones.

Un pastor se aproximaba por el camino. Odiseo se acercó a él y, con su prudencia habitual, optó por no revelarle quién era sin saber antes qué tierra pisaba. El pastor lo miró sorprendido al oír su pregunta:

—El nombre de esta tierra lo conocen en muchos territorios. Es Ítaca, y dicen que su fama ha llegado hasta Troya.

Odiseo se sintió feliz al saberlo, y entonces comenzó a contarle al pastor una historia imaginaria sobre quién era y las causas que lo habían llevado allí. El pastor lo escuchaba conteniendo a duras penas la risa. Al final adoptó su forma natural, ya que se trataba, ni más ni menos, que de la propia diosa Atenea, y lo acarició con la mano:

—¡La persona que te gane en tretas deberá ser realmente astuta! ¿Es que no puedes, ni siquiera en tu patria, dejar de mentir y de inventarte historias falsas?

Odiseo fue directo al grano:

—¡Oh, diosa Atenea! ¡Tú que siempre me ayudaste durante la guerra de Troya, después de zarpar con mis naves no he notado que me ahorrases ningún sufrimiento!

—Es que no podía pelearme con Poseidón, mi tío, que estaba furioso contigo porque habías dejado ciego a su hijo, el cíclope Polifemo.

Atenea, que era quien había velado el aspecto real de Ítaca a Odiseo para ser la primera en hablar con él, ayudó al héroe a ocultar la fortuna que le habían entregado los feacios y le explicó qué había sucedido en la isla durante aquellos veinte años.

Veinte años sin Odiseo

Cuando Odiseo se marchó, veinte años atrás, su esposa Penélope quedó al cargo de la hacienda y de la educación de su hijo Telémaco. El tiempo pasaba y los rumores sobre la muerte de Odiseo convirtieron la situación de la joven en una bomba de relojería (si las hubiese habido). En seguida se presentaron en su casa doce príncipes de la región que le exigieron que tomara a uno de ellos como esposo. Para librarse de ellos, Penélope adujo que un oráculo había predicho que Odiseo tardaría en regresar, pero que regresaría.

A medida que pasaban los años, el número de pretendientes fue aumentando y las presiones para que tomara otro marido se hicieron más fuertes. Sintiéndose entre la espada y la pared, Penélope les dijo que no podría decidirse por ninguno hasta que no acabara de tejer el sudario que envolvería a su suegro Laertes cuando muriera.

En realidad era una estratagema de la hermosa Penélope. Se pasaba el día tejiendo. Pero, de noche, cuando todos dormían, se dedicaba a deshacer todo aquello que había hecho durante la jornada.

Pudo mantener el engaño durante tres largos años. Los pretendientes protestaban, pero se veían obligados a resignarse. Al cumplirse los tres años, una criada descubrió el secreto de Penélope y lo reveló a los príncipes, que, airados, se instalaron en el palacio de Odiseo.

Desde aquel día nefasto, los pretendientes, que continuaban aumentando en número, residían en su palacio y llevaban una vida fácil y regalada a costa de la hacienda de Odiseo. Durante la jornada organizaban banquetes con las mejores vacas y cerdos del rey de Ítaca y, por la noche, dormían con sus criadas.

Penélope se hallaba en una situación delicada en extremo: si se casaba antes de que Telémaco fuera un hombre, este perdería todo su patrimonio. Por eso hizo todos los esfuerzos para escapar de aquella ingrata unión hasta que él no fuera lo suficientemente mayor como para ser el heredero de la casa de Odiseo. Sin embargo, cuando por fin llegó el momento, Penélope se lamentaba:

—¡Cuánto esperé a que salieran pelos en la barba de mi hijo! Y ahora que ya es un hombre, solo pienso en el infortunio que me obligará a compartir el lecho con alguien muy inferior a mi amado Odiseo.

Padre e hijo se encuentran

Odiseo y Atenea decidieron castigar a los pretendientes con la máxima urgencia, de manera que la implacable estrategia que tramaron para acabar con ellos se puso en marcha en seguida.

Atenea cambió el aspecto de Odiseo para que nadie pudiese reconocerlo. Lo convirtió en un anciano aparentemente desvalido y lo vistió con una túnica gastada y un zurrón repleto de agujeros. Con este aspecto tan miserable, Odiseo se puso en camino hacia la casa de un porquero que siempre lo había amado con gran devoción.

Todavía no había llegado a la cabaña cuando cuatro perros furiosos se le echaron encima y habrían acabado con el memorable héroe si el porquero no hubiese salido corriendo y no los hubiera dispersado a pedradas.

—¡Qué poco ha faltado, anciano, para que mis perros te destrozaran y cayese sobre mí la más grande de las vergüenzas!

Odiseo a duras penas reconoció a su antiguo sirviente. El tiempo no había sido benévolo con él. El hombre lo ayudó a incorporarse, lo llevó al interior de la cabaña y buscó para él una gran piel de cabra sobre la que sentarse. También lo invitó a cenar.

Odiseo llevó hábilmente la conversación hacia los asuntos que realmente le interesaban:

—Dime, ¿cómo está el señor de Ítaca, Odiseo?

—¡No sabemos nada de Odiseo desde hace muchos años! Su mujer Penélope y su hijo Telémaco se niegan a creer que esté muerto y continúan esperándolo. Si Penélope descubre que has llegado, en seguida enviará a buscarte para que le des noticias de su esposo. ¡Y tal vez de su hijo también!

—¿No está con ella su hijo?

El porquero hizo un gesto de profunda tristeza.

—No, señor, algún dios le inspiró la idea funesta de ir a visitar a Menelao, el compañero de Odiseo en Troya, para buscar noticias de su padre. Y cuando lo supieron los pretendientes de su madre y de su fortuna, hicieron partir un barco para que lo esperase y lo matase antes de que pusiese el pie en tierra.

Odiseo se quedó en silencio. Aquella noche durmió con su generoso anfitrión y el amanecer los encontró preparando el desayuno. Unos pasos prontos y el hecho de que los perros no ladraran sino que movieran sus colas, hicieron que Odiseo advirtiera a su compañero:

—Alguien a quien conoces se acerca.

Y en aquel mismo momento entró Telémaco, que acababa de regresar de Esparta y que, gracias a la ayuda de la diosa Atenea, había esquivado la emboscada de los pretendientes. Al porquero se le cayeron al suelo los cuencos de vino que preparaba y se lanzó a los brazos de aquel chico que amaba como a un nieto.

—¡Qué feliz me hace que hayas regresado! Ahora ya nunca vienes a ver a este pobre viejo. A veces pienso que prefieres la compañía de los pretendientes de tu madre.

Telémaco protestó afectuosamente:

—¡Qué dices! Al desembarcar, en lo primero que he pensado, ha sido en venir a verte a ti para saber cómo estabas y para que me dijeses qué se cuece en palacio.

—Nada, hijo mío. Tu madre continúa negándose a casarse y consume los días y las noches en medio de la tristeza.

Odiseo se levantó para ceder el lugar al recién llegado, pero el joven declinó amablemente y se sentó a desayunar con ellos. Después pidió al porquero que fuera a decirle a su madre que había regresado sano y salvo.

Cuando este se hubo marchado, Odiseo salió un momento de la cabaña y Atenea le devolvió su aspecto normal para que pudiera darse a conocer a su hijo. Al verlo entrar de nuevo, Telémaco dio un salto hacia atrás asustado:

—¡Qué diferente del de antes, forastero! ¿Es que tal vez eres un dios del Olimpo?

Odiseo sonrió a pesar de tener los ojos inundados de lágrimas:

—No soy ningún dios. ¡Soy tu padre, por quien tanto sufres y por causa del cual has recibido tantas amenazas!

Y padre e hijo se fundieron en un gran abrazo y mezclaron sus lágrimas. ¡Hacía tanto tiempo que esperaban aquel momento! Poco después, Telémaco entraba a formar parte de una estrategia que tenía un único final: acabar con la vida de todos los miserables que se habían reunido en el palacio.

—Lo haremos tú y yo, hijo mío.

Telémaco movió la cabeza:

—No podemos contra tantos hombres. Los pretendientes no son ni diez ni el doble. Son más de cien, y debemos contar también a sus servidores. Necesitaremos ayuda.

—¿Te parece poca ayuda la de la diosa Atenea y su padre Zeus?

Penélope recrimina a los pretendientes

Al palacio de Odiseo llegó la noticia de que el barco de Telémaco estaba anclado en el puerto. Los pretendientes se reunieron furiosos. Antínoo, el más cruel, fue el primero en hablar.

—Debemos pensar en la manera de matarlo sin que tenga la posibilidad de escaparse. Acabemos con él ya y repartámonos todos sus bienes. La casa será para Penélope y para aquel de nosotros que se case con ella.

Pero uno de los asistentes dijo:

—Es muy osado matarlo ahora si los dioses lo han acompañado hasta aquí. Os pido que consultéis el oráculo antes de intentarlo. Si mañana el oráculo nos es favorable, seré yo mismo quien siegue su vida.

Todos estuvieron de acuerdo. Pero en aquel momento entró Penélope, a quien un sirviente había informado de los planes de los pretendientes, y se enfrentó con Antínoo:

—Tu padre llegó huyendo y Odiseo le salvó la vida. Y ahora tú te comes su comida, cortejas a su esposa y quieres matar a su hijo. ¡Te pido que te detengas!

Cada vez que Penélope hacía acto de presencia se producía el mismo efecto recurrente entre los pretendientes: sus rodillas comenzaban a temblar y el corazón se les aceleraba. Todos estaban tan enamorados de aquella mujer como de sus posesiones.

Cuando oyeron sus duras palabras se apresuraron a calmarla con viles mentiras, aunque todos continuaban pensando en los beneficios de acortar radicalmente la vida de Telémaco.

Penélope se retiró a sus aposentos a llorar, lo único que hacía en los últimos tiempos.

Odiseo regresa a su palacio

Aquella misma mañana, siguiendo el plan que padre e hijo habían ideado, Odiseo —convertido de nuevo en anciano— se dirigió al palacio con el porquero. Al volver a ver el imponente edificio se sintió sobrecogido por una gran emoción. Pero el corazón se le rompió cuando, al llegar a la escalinata, se dio cuenta de que había un perro que lo saludaba moviendo la cola descarnada. Era tan viejo que ya no podía ni moverse, y además estaba sarnoso, decrépito y atormentado por las pulgas. En aquel animal que lo había reconocido Odiseo reencontró a su perro de caza, *Argos*, y las lágrimas acudieron a sus ojos.

El porquero lo condujo a la sala donde los pretendientes celebraban uno de sus banquetes tan generosos porque pagaba el ausente Odiseo. Telémaco estaba entre los comensales y, siguiendo las consignas que le había dado su padre, le ofreció hospitalidad y le sugirió que pidiera caridad a los pretendientes.

De manera que Odiseo comenzó a ir de mesa en mesa pidiendo limosna. Los pretendientes, sorprendidos, le daban lo que tenían a mano mientras se preguntaban los unos a los otros de dónde había salido aquel hombre.

Antínoo, que era de natural despiadado, lo echó de su mesa sin ningún miramiento, y entonces Odiseo le dijo:

—¡Veo que si fuera a tu casa no me darías ni sal! Pero me sorprende que, ya que estás sentado a la mesa de otro, no te dignes a darme ni un pedazo de pan cuando a ti te sobra tanto.

Antínoo sintió cómo la ira crecía en su interior, tomó un escabel* y lo lanzó contra el mendigo dándole un fuerte golpe en la espalda. Odiseo aguantó la embestida sin inmutarse y fue a sentarse en un rincón. Ya había decidido quién moriría primero.

Odiseo se gana un puesto en su propia mesa

Al cabo de un rato llegó al palacio el mendigo oficial de la ciudad, que se sintió airado al ver a Odiseo sentado en el porche.

—¡Viejo, sal de ahí si no quieres que te saque yo arrastrándote!

Odiseo lo miró con hostilidad y le contestó:

—¡Infeliz! Hay lugar suficiente para los dos. ¡No me amenaces porque, a pesar de ser viejo, todavía puedo hacer que tu boca y tu pecho se llenen de sangre!

Antínoo oyó la discusión y le pareció extremadamente divertida. Llamó a los pretendientes, que rodearon a los dos vagabundos animándolos a pelearse. Antínoo, para dar más interés, dijo:

—El que venza obtendrá la parte más selecta de las carnes que ahora están sobre la mesa, y se ganará desde hoy mismo un lugar en nuestros banquetes.

Se produjo un alegre griterío de asentimiento y los dos contendientes se pusieron cara a cara. Odiseo se levantó y parte de las vestimentas que lo cubrían revelaron un cuerpo potente y musculoso a pesar de la edad.

Los pretendientes quedaron mudos de estupor y su contrincante comenzó a temblar. Pero no le dejaron huir. Lo arrastraron hacia Odiseo.

El pobre mendigo levantó los brazos y pegó en el hombro derecho de Odiseo, justo donde lo había herido el escabel de Antínoo. Pero Odiseo se mantuvo imperturbable y, de repente, le arreó tal puñetazo debajo de la oreja que todos oyeron cómo se le rompían los huesos y vieron cómo le salía sangre de la nariz y de la boca.

Los pretendientes aplaudieron entusiasmados y llevaron a Odiseo dentro para ofrecerle la mejor parte de los animales que habían sacrificado para el banquete.

Penélope consigue regalos de los pretendientes

Penélope, al conocer el trato que se dispensaba al huésped de Telémaco, bajó furiosa para recriminar a su hijo. Su ira la hacía mil veces más hermosa. Cuando ella irrumpió en la sala, los pretendientes comenzaron a temblar de nuevo. ¡Cuánta pasión les inspiraba! Todos soñaban con tenerla como compañera de lecho.

Después de hablar con Telémaco, se dirigió a los pretendientes:

—Antes de marchar hacia la guerra de Troya, Odiseo me dijo: «Quédate en el palacio y asegúrate de que nuestro hijo crece sano y feliz. Pero si, cuando el chico comience a tener barba yo todavía no he regresado, cásate con quien quieras y abandona el palacio». Y ese momento ha llegado. Pero me siento llena de dolor porque los que aspiran a casarse con una mujer acostumbran competir llevando espléndidos regalos a la novia en vez de devorar impunemente sus bienes.

Antínoo respondió en nombre de todos:

—Toma los regalos que tenemos reservados para ti, Penélope, pero ten por seguro que no nos marcharemos hasta que elijas a uno de nosotros como marido.

Y todos los pretendientes enviaron a sus criados a buscar los presentes más lujosos: largas túnicas bordadas, un collar de oro y ámbar que parecía un sol, unos pendientes de los que pendían perlas como si fueran moras...

Odiseo, bajo su disfraz de mendigo, se sentía orgulloso de que su mujer hubiese sido tan hábil como para conseguir todos aquellos presentes.

La nodriza Euriclea reconoce a Odiseo

Cuando cayó la noche y todos se fueron a dormir, Odiseo ordenó a Telémaco que descolgara todas las armas que llenaban las paredes de la sala:

—Si alguien te pregunta por qué lo has hecho, le dices que es para limpiarlas porque el humo las ha ennegrecido con el tiempo.

Entonces Odiseo se quedó observando cómo las criadas retiraban los restos del banquete y cómo transportaban la silla de Penélope, que lo había citado con la esperanza de que le diese noticias de su marido ausente. Cuando la vio entrar, reconoció el rastro de las lágrimas por sus mejillas de piel de melocotón y se sintió afligido, pero no cedió al deseo de descubrirle quién era.

Para satisfacer a Penélope, le contó que había estado con Odiseo hacía veinte años, y su descripción fue tan clara e inconfundible que los ojos de Penélope volvieron a llenarse de lágrimas y comenzó a sollozar por el marido que tenía sentado a su lado. Odiseo la miraba profundamente conmovido, pero no dijo nada; la astucia no lo dejaba llorar. No sabía hasta qué punto se podría fiar de la compostura de su esposa si le descubría su secreto.

Cuando terminaron de hablar, Penélope, como era deber de cortesía en aquella época, se ofreció a hacer que le lavaran los pies, pero él rechazó a las criadas jóvenes. Entonces ella hizo llamar a la nodriza Euriclea, que era anciana, para que lo atendiera y él aceptó.

Euriclea, que había cuidado a Odiseo desde que nació, le habló con amabilidad:

—De todos los hombres que han venido desde que se marchó Odiseo, ninguno de ellos se parecía tanto a él como tú.

Odiseo se mantuvo discretamente en la penumbra porque temió que ella lo reconociera. Euriclea comenzó a lavarle los pies y, de repente, vio la cicatriz que el jabalí le había hecho en la rodilla cuando era niño. El pie de Odiseo cayó de sus manos y fue a parar dentro del caldero de agua, que se derramó causando un gran estrépito.

Euriclea estaba tan emocionada que ni siquiera acertaba a hablar. Cuando miró atrás para llamar a Penélope, Odiseo reaccionó rápidamente. Con la mano derecha la tomó por el cuello y con la izquierda la atrajo hacia sí, y murmuró:

—¿Por qué quieres perderme, nodriza? ¡Calla y que nadie más en la casa descubra mi secreto!

Penélope trae el arco y las flechas de Odiseo

A la mañana siguiente, tal como habían pactado el día anterior, los pretendientes consultaron el oráculo para ver si era una buena jornada para matar a Telémaco, pero, al obtener un mal presagio, desistieron y organizaron otro banquete.

Cuando Odiseo entró en la sala, Telémaco le ofreció el lugar de la mesa que se había ganado el día anterior y ordenó a los pretendientes que no se mofaran de él. Los pretendientes no podían soportar que Telémaco hubiese comenzado a comportarse como el anfitrión y que pretendiera gobernar su hacienda. Antínoo refunfuñó en voz baja:

—Porque Zeus no lo ha querido, pero si no, ya te habríamos hecho callar.

Otro pretendiente gritó:

—¡Me gustaría hacer un regalo al nuevo huésped!

Y le tiró una pata de toro que Odiseo esquivó hábilmente y que fue contra la pared. Telémaco, airado, gritó:

—¡Por tu integridad física ha sido mejor que fallases! Si hubieses tocado a mi invitado, yo mismo te habría ensartado el corazón con mi lanza.

Así, tu padre, en vez de venir a tu boda, habría ido a tu funeral.

Todos guardaron silencio. Telémaco continuó:

—Que nadie en esta casa sea insolente. Debo aguantar que matéis mis carneros, que os bebáis mi vino y que os comáis mi pan. ¡Pero no maltratéis a mis huéspedes ni a mis criados en mi casa!

El silencio pesaba como una losa cuando habló uno de los comensales ofendidos:

—Querría darte un consejo, Telémaco. Ha pasado tanto tiempo que es evidente que Odiseo no va a regresar. Habla con tu madre y convéncela para que se case con uno de nosotros. Así podrás tener tu herencia paterna y ella cuidará de la casa de otro hombre.

Telémaco respondió:

—Yo no he prohibido a mi madre que vuelva a casarse. Pero tampoco deseo expulsarla de casa contra su voluntad.

Penélope, que estaba presente en la sala, se levantó y se marchó. Poco después reapareció con el arco y las flechas que Odiseo había utilizado veinte años atrás cuando iba de cacería por la isla.

Entonces se dirigió a los pretendientes:

—Había un juego que divertía mucho a Odiseo. Clavaba doce hachas en hilera, como si fueran los travesaños del casco de un barco y, a distancia, conseguía que su flecha pasase por sus ojos. Quien utilice el arco de Odiseo con más facilidad y consiga pasar la flecha por los ojos de las doce hachas será con quien me marcharé, abandonando este palacio al que vine cuando era doncella.

Uno por uno, los pretendientes intentaron tensar el arco y todos fracasaron. Por más esfuerzos que hacían, ni siquiera tenían fuerza como para prepararlo para disparar. Antínoo ordenó que lo calentaran y lo untaran con grasa para ver si la empresa resultaba más fácil. Sin embargo, los intentos de los pretendientes resultaron inútiles.

El último en fracasar, vencido, afirmó:

—No es perder a Penélope lo que más me hiere, sino no tener la fuerza de la que un día gozó Odiseo.

Entonces se adelantó el mendigo y se ofreció para tensar el arco. La insólita propuesta provocó la indignación general. Antínoo lo increpó:

—¿Es que no tienes prudencia, forastero? ¿No te basta con sentarte en el banquete con nosotros y escuchar todo lo que decimos?

Penélope intervino:

—No es decente ultrajar a los huéspedes de Telémaco, Antínoo. ¿Piensas que a este hombre se le ha pasado por la cabeza siquiera la idea de tomarme si consigue tensar el arco?

Uno de los aspirantes fracasados, que se había esforzado muchísimo por tensarlo, respondió agriamente a Penélope:

—No es por eso por lo que nos enfurecemos. ¿Te imaginas qué dirían en todas las regiones si se supiera que algo que ninguno de nosotros ha conseguido lo ha hecho un mendigo? ¡Sería un agravio!

Penélope respondió:

—¿Por qué te preocupa ese agravio? ¿Cómo piensas que hablan de vosotros, que sois una gente que insulta a un rey y devora su casa?

Entonces intervino Telémaco:

—¡Madre! No hay ningún griego que tenga más poder que yo para entregar este arco a quien quiera. Nadie puede impedir que lo ofrezca a mi huésped si es lo que deseo. Y así lo quiero. Porquero, ¡entrega el arco al forastero! Madre, márchate, pues, a tus habitaciones, que el arco es asunto de hombres y, por encima de todo, asunto mío, que soy quien gobierna esta casa.

Penélope, sorprendida al oírle decir aquellas palabras, se retiró.

La matanza de los pretendientes

El porquero entregó el arco al mendigo en medio de una lluvia de gritos de desaprobación. Los pretendientes estaban tan atentos a lo que se desarrollaba ante sus ojos que no se dieron cuenta de que la nodriza Euriclea cerraba todas las puertas de la estancia y que también habían sido selladas todas las que daban al exterior. La matanza estaba a punto de iniciarse.

Con hábiles movimientos, Odiseo volteó el arco y lo probó para asegurarse de que no había sido tomado por la carcoma.

Los pretendientes lo observaban sorprendidos de su pericia. Entonces, Odiseo levantó el arco y sin ningún esfuerzo tensó la cuerda y la hizo vibrar melódicamente para que todos oyeran su sonido.

Los rostros de los pretendientes cambiaron de color. De repente se oyó un trueno que enviaba Zeus para dejar claros sus designios. Pero los pretendientes todavía no eran conscientes de lo que acontecía. Odiseo sonrió, apuntó hacia la hilera de hachas y envió una flecha precisa que las atravesó todas.

Entonces tomó una segunda flecha y la puso en el arco mientras decía:

—Ya se han acabado estos juegos que no interesan a nadie, hay, sin embargo, otro blanco que nadie ha pensado en acertar.

Y disparó contra el cruel Antínoo. La flecha atravesó el cuello y le salió por la nuca. Antínoo se desplomó muerto y con él cayó una mesa repleta de comida.

Los pretendientes, que todavía no habían entendido con quién se enfrentaban, le gritaron:

—¿Qué has hecho, forastero? Ahora te espera una muerte terrible. Has matado al varón más noble de los jóvenes de Ítaca. ¡Solo por eso serás pasto de los buitres!

Pero de repente callaron porque Odiseo había su aspecto natural y, en aquel mismo momento, Telémaco, tomando su espada, saltó a su lado.

La realidad se impuso entonces, desnuda y aterradora. Los pretendientes se dejaron llevar por el pánico y comenzaron a correr de un lado a otro. En un momento se dieron cuenta de que no había armas en las paredes y de que las puertas estaban cerradas. El terror recorrió todos sus miembros mientras Odiseo no paraba de tirar flechas y cada una de ellas causaba una baja mortal.

Al lado de Odiseo y Telémaco luchaban el fiel porquero y también un boyero, que habían prometido fidelidad a su señor.

Telémaco corrió a buscar armas mientras Odiseo agotaba las flechas, pero, con las prisas, cometió un gravísimo error: dejó la puerta de la armería abierta y los pretendientes también consiguieron armarse.

Cuando Odiseo se dio cuenta sintió un gran temor, pero ya estaba allí, a su lado, la diosa Atenea, luchando, codo con codo, con él. Para enfrentarse a los pretendientes armados, la diosa había adoptado el físico de un apreciado amigo de Odiseo y estos no podían sospechar contra quién luchaban en realidad. Uno de ellos gritó:

—¡Matad a Odiseo! ¡Los otros no importan demasiado si conseguimos abatirlo!

Seis pretendientes lanzaron sus lanzas contra Odiseo y, por obra de Atenea, ninguno acertó en el blanco. Odiseo y los suyos replicaron y todos consiguieron matar a sus contendientes.

Cuando Atenea consideró que la lucha ya había durado demasiado, alzó la égida con que repartía la muerte. El poco valor que quedaba a los pretendientes se les heló en las venas y comenzaron a correr por la sala como si les picaran los tábanos. La confusión fue general, y los pretendientes cayeron unos encima de los otros provocando un estruendo de cabezas partidas mientras el suelo se convertía en un río de sangre.

Por fin el ruido de las espadas enmudeció. Odiseo comprobó si todavía quedaba en la sala algún enemigo vivo. Pero solo halló los cuerpos llenos de sangre y polvo que se amontonaban por todas partes. Entonces dijo:

—Telémaco, haz que Euriclea traiga las criadas que han faltado a sus deberes y al respeto que nos debían a mí y a Penélope.

Euriclea volvió con unas doce muchachas que lloraban y gemían y que quedaron horrorizadas al ver toda la sala llena de muertos. Odiseo, cubierto de polvo y de sangre y con una mirada tan feroz que daba miedo, les gritó:

—¡Arrastrad a los muertos al patio y limpiad la sala!

Comenzaron a hacer lo que se les ordenaba y Odiseo las apremiaba sin darles tregua. Cuando hubieron sacado todos los muertos fuera y la sala brillaba como si nada hubiera sucedido, los hombres fieles a Odiseo acorralaron a las desgraciadas en un lugar sin escapatoria y Telémaco dijo:

—¡Nadie dirá que las criadas que cubrieron de oprobio a mi madre y a mí al pasar sus noches en las camas de los pretendientes tuvieron una muerte honorable!

Y las ahorcó, una por una. Mientras, Odiseo iba azufrando la sala para ahuyentar el olor de la muerte.

Penélope reconoce a Odiseo

Durante toda la masacre, los dioses habían hecho caer un poderoso sueño sobre Penélope, del cual la sacó la nodriza Euriclea, que se inclinó sobre aquel rostro querido para musitar con la voz rota por la emoción:

—¡Hija mía, Penélope, levántate en seguida, que ha llegado Odiseo!

El corazón de Penélope se agitó con emociones encontradas: ¿sería él o sería una nueva treta del destino? Las palabras de la fiel Euriclea no consiguieron convencerla de que todo aquello que le contaba fuese verdad. Y mientras bajaba temblando por la escalera, pensaba si debía interrogar a su marido desde lejos o acercarse, besarle la cabeza y tomarle las manos.

Al final optó por sentarse ante él, a la vera del fuego que acababa de encender Euriclea. Odiseo también estaba sentado, cabizbajo, esperando las palabras de Penélope. Pero ella permaneció callada, con el corazón sorprendido, y sin saber no sabía si aquel hombre poderoso era su marido o no.

Telémaco, furioso, gritó:

—¿Por qué te apartas de mi padre en vez de sentarte a su lado y hablarle? ¡Tu corazón es duro como una roca!

Penélope le respondió:

—Hijo mío, mi corazón se siente inseguro. Y no puedo decirle ni una palabra, ni hacerle preguntas; ni siquiera mirarle a los ojos. Pero si es realmente Odiseo, nos reconoceremos porque compartimos secretos que solo él y yo conocemos.

Odiseo levantó la cabeza, se rió y dijo a Telémaco:

—¡Deja que tu madre me ponga a prueba!

Para ponerle las cosas más fáciles se marchó para lavarse y ungirse con aceites y se puso una de sus antiguas túnicas. Cuando regresó al lugar donde Penélope lo esperaba, nadie hubiera dicho que era el mismo hombre: sus músculos poderosos brillaban, se había afeitado y el pelo le caía ordenado. Parecía un dios. Pocas mujeres se hubieran resistido a su actractivo. Pero Penélope, que no se había movido desde que él se había marchado, continuaba en silencio.

Entonces, Odiseo sintió que la ira crecía dentro de su pecho:

—¡Infeliz! Nunca los dioses dieron un corazón tan reseco a una hembra. ¡No hay mujer que se aparte de su hombre cuando, después de haber pasado veinte años de fatigas y males, regresa a su casa! —Dio unos pasos impaciente y gritó—: ¡Euriclea! ¡Prepárame una cama donde pueda dormir totalmente solo porque esta mujer, en vez de tener corazón, tiene acero dentro del pecho!

Penélope se dirigió a Euriclea sin apartar sus ojos de los de Odiseo:

—Obedece, Euriclea, y haz llevar el lecho de madera maciza que él mismo se construyó a uno de los dormitorios.

Y entonces Odiseo saltó y, fuera de sí, le dijo a su esposa:

—¡Oh, mujer! ¡Tus palabras me rompen el corazón! ¿Quién arrancó de su lugar nuestro tálamo? Yo mismo lo construí utilizando un olivo que crecía en el patio. Era un olivo grueso como una columna y a su alrededor erigí las paredes del dormitorio. Corté aquel árbol dejando solo la base y lo convertí en nuestro lecho. ¿Quién puede haberlo movido de su lugar si tenía las raíces dentro de la tierra?

Penélope sintió que su corazón se aceleraba y le temblaron las rodillas al ritmo de las palabras de Odiseo, porque ese era un secreto que solo ellos dos compartían. Se puso a llorar, se lanzó al cuello del héroe y comenzó a besarlo en los ojos, los labios, las mejillas... sin dejarlo ni respirar. Y él también sintió crecer dentro de sí el deseo de llorar y la abrazó con todas sus fuerzas.

Y de la misma manera que la tierra parece tan maravillosa a los que acaban de naufragar y han conseguido con sus últimos esfuerzos llegar a la playa, de la misma manera era dulce para Penélope volver a tener a su marido y sus brazos no querían soltarlo.

Laertes reconoce a su hijo Odiseo

A la mañana siguiente, Odiseo fue al campo para visitar a su padre Laertes. Cuando lo vio tan anciano, tan harapiento, precariamente subido en un peral de donde recogía las peras, lo invadió una pena muy profunda. Pero, incluso en ese momento, no pudo evitar hacerle una de sus bromas:

—Vaya, anciano, veo que sabes mucho de cuidar las plantas y muy poco de cuidar tu aspecto. Estoy buscando a un hombre que traté como a un huésped hace años. Decía que era de Ítaca y que su padre se llamaba Laertes.

Y comenzó a contarle una de esas historias que tanto le gustaba inventarse. Pero Laertes ni siquiera lo escuchaba, tan grande era su dolor al recordar a su hijo amado. Al final, Odiseo le saltó al cuello y lo besó:

—Padre mío, ¡soy yo!, que al cabo de veinte años regreso a la tierra paterna.

Y como Laertes seguía sin reconocerlo, le enseñó la cicatriz que le había dejado el jabalí en su infancia y describió todas las plantas que había en su huerto cuando no era más que un niño.

Entonces Laertes sí sintió que vacilaba su corazón y sus rodillas perdían fortaleza, y cayó en brazos de su hijo.

Odiseo se reconcilia con Poseidón

La masacre de los pretendientes, a pesar de haber gozado del apoyo de los dioses, no podía quedar impune ante la justicia de los mortales. Los familiares de los muertos iniciaron una acción legal conjunta contra Odiseo, y el héroe griego fue desterrado de Ítaca por un período de diez años.

Como tenía una cuenta pendiente con Poseidón, se puso en camino para seguir las indicaciones que le había dado el adivino ciego Tiresias cuando había hablado con él en el Infierno. Odiseo partió llevando un remo sobre la espalda. Anduvo por largos caminos hasta que llegó a un pueblo que no conocía el mar, que no comía los alimentos sazonados con sal, ni tampoco sabía qué eran los barcos ni los remos. Un día se cruzó en su camino con un viajero que le preguntó lleno de curiosidad:

—¿Dónde vais con un aventador al hombro, si ya es primavera?

esta era la señal profetizada por Tiresias. Odiseo plantó el remo en tierra y sacrificó a Poseidón un carnero, un toro y un jabalí. Y el dios que le había causado tantas desventuras lo perdonó.

Glosario

ambrosía. Significa «alimento de los dioses» y ha sido descrita como una fruta excepcional que daba la inmortalidad a quien la probaba.

argonautas. Los argonautas son los héroes que acompañaron a Jasón en su búsqueda del vellocino de oro. Su nombre proviene de la nave *Argo* («rápida»), que fue construida para aquella expedición. Como la demanda de sitio en el navío por parte de los numerosos héroes de la mitología fue desmesurada, tenía una supercapacidad de cincuenta remeros.

A pesar de esta limitación, la leyenda de los argonautas se hizo tan popular que se escribieron muchas listas imposibles de pretendidos miembros de la «heroica» tripulación porque todas las regiones añadían sus héroes locales a la extraordinaria aventura.

aventador. Herramienta que sirve para atizar el fuego. Para Odiseo fue la prueba de que los habitantes de aquella región no conocían la existencia del mar, ya que habían confundido su remo con un aventador.

centauros. Seres monstruosos, con cuerpo de hombre y patas de caballo. Eran salvajes y no obedecían ninguna ley, ni siquiera la de la hospitalidad. Se les consideraba esclavos de las pasiones animales y acostumbraban ser extremadamente brutales. Existen algunas excepciones a la regla, como el centauro Quirón.

cíclopes. Eran seres salvajes y gigantescos, dotados de un solo ojo y de una fuerza descomunal, que vivían de la ganadería. Habitaban las cavernas porque eran tan primitivos que no habían sido capaces de formar ciudades. Se distinguían por ser antropófagos y por desconocer el vino, hecho que tuvo una gran importancia para la relación nefasta que Odiseo entabló con el cíclope Polifemo.

cicones. Tribu de la Tracia que dio su apoyo al rey Príamo durante la guerra de Troya. Pero no son famosos por ello, sino porque su principal ciudad fue víctima del saqueo de Odiseo en su primera escala después de la guerra. Eran descendientes del héroe Cicón, hijo del dios Apolo, pero no les sirvió de mucho cuando llegó Odiseo.

constelaciones. Grupos de estrellas a las cuales, desde la Antigüedad, los pueblos orientales, griegos, romanos, etc., atribuyeron formas humanas o animales. La constelación de Argo no respeta la versión de la leyenda que hemos elegido y representa toda la nave; la llamaron Argo Navis y era una constelación tan enorme que los expertos posteriores decidieron dividirla en tres pequeñas constelaciones: Carina («la quilla»), Pupis («la popa») y Vela («la vela o mástil»).

dioses y diosas. Los dioses formaban una sociedad organizada en términos de autoridad y poderes, y controlaban el cielo, el mar y la tierra. Sus principales jefes eran la pareja formada por Zeus y Hera. Para conseguir este lugar privilegiado se habían visto obligados a vencer a los dioses preolímpicos, entre los cuales se contaba **Gea**, la diosa de la tierra.

Los dioses principales son los que se conocen como olímpicos: **Zeus** era el dios supremo, padre espiritual de los dioses y de los hombres; **Hera**, su esposa, la diosa de los cielos y la guardiana del matrimonio; **Hefesto**, el dios del fuego y de los herreros; **Atenea**, la diosa de la sabiduría y de la guerra; **Apolo,** el dios de la luz, la poesía y la música; **Ártemis**, la diosa de la fauna y de la luna; **Ares**, el dios de la guerra; **Afrodita**, la diosa del amor; **Hestia**, la diosa del hogar, y **Hermes**, el mensajero de los dioses y el dios del comercio, la ciencia y la invención.

Más allá de los doce dioses olímpicos, pero no menos importantes, estaban: **Poseidón**, el dios del mar y de los terremotos; **Démeter**, la diosa de la agricultura, muy vinculada con la tierra; **Hades**, el dios del Infierno, donde vivía con su mujer, **Perséfone**, y **Dioniso**, dios del vino y del placer.

escabel. Es un taburete bajo que sirve para poner los pies encima cuando uno está sentado.

héroes. Cuando se habla de las edades del hombre, se citan cuatro; la tercera es la que responde a la edad de los héroes, unos hombres excepcionales que acostumbraban superar a sus contemporáneos en fuerza y valor, pero que eran mortales.

Los héroes mitológicos tenían algunos puntos en común: sus vidas estaban relacionadas con la guerra y con la realización de empresas imposibles o se dedicaban a crear civilizaciones y a fundar ciudades. Por otra parte, poseían habilidades sobrehumanas o rasgos de la personalidad fuera de lo normal que les permitían realizar actos heroicos. Y, en tercer lugar, su muerte acostumbraba ser violenta.

Infierno. El Infierno era el inframundo, el destino que estaba reservado a los muertos. Cuando una persona moría, debía dirigirse al Infierno cruzando el río Aqueronte en la balsa del barquero Caronte. Era muy importante que los familiares del difunto le hubiesen puesto una moneda debajo de la lengua para pagar el pasaje porque, si no, la persona estaba obligada a quedarse por siempre en la orilla del río.

La puerta del Infierno estaba vigilada por *Cancerbero*, el perro de tres cabezas que Heracles venció. Los difuntos entraban en la tierra de los muertos y se dirigían al palacio del dios Hades y de la diosa Perséfone. Allí los jueces del inframundo decidían su destino: el tenebroso Tártaro si los consideraban malos o impíos; los Campos Elíseos si eran buenos, y los Campos de los Asfódelos si no eran ni buenos ni malos (en esta parte del Infierno erraban gran parte de los héroes rodeados por la gente corriente).

juegos funerarios. La sociedad griega valoraba mucho el deporte y el espíritu competitivo. Los hombres se divertían haciendo grandes esfuerzos físicos, y los líderes y los héroes competían buscando la gloria. Por eso no es extraño que organizasen juegos competitivos para honrar la memoria de los héroes o de grandes personalidades que habían muerto. Los juegos funerarios más importantes que se organizaron en la mitología griega son, sin duda, los dedicados a Patroclo, el amigo de Aquiles.

lestrigones. Pueblo de gigantes caníbales que se comían a los extranjeros que llegaban a sus costas, hecho que constató Odiseo cuando se zamparon a toda su tripulación.

lotófagos. Este pueblo también es famoso gracias a Odiseo. Cuando, durante su largo retorno a casa, llegó a su país, algunos de sus hombres, seducidos por la amabilidad de estas gentes, probaron el loto, una planta que hacía perder la memoria.

mirmidones. Descendientes del héroe Mirmidón, de Tesalia, el pueblo sobre el que hubiese podido reinar Aquiles y que lo proveyó del ejército que condujo a Troya.

nereidas. Eran las cincuenta hijas de Nereo y de Doris. Todas eran bellísimas. Se hablaba de ellas como de las ninfas del mar, ya que habitaban el fondo del océano. Vivían en el palacio de su padre, sentadas en tronos de oro, y allí se dedicaban a hilar, a tejer y a cantar.

ninfas. Eran los espíritus femeninos de la naturaleza, que generalmente tomaban sus apelativos de los lugares donde vivían —las montañas, las arboledas y las praderas, los lagos y los ríos, o las grutas— y que personificaban su fecundidad y su gracia. Eurídice era una ninfa auloníada, es decir, una de las ninfas que vivían en los prados.

Olimpo. El Olimpo, que significa «el luminoso», era el lugar donde vivían los dioses griegos (y también los romanos). Durante mucho tiempo, los griegos lo situaron en Macedonia, en la montaña más alta de Grecia, que llega a los 3.000 metros de altitud. Se decía que aquella montaña estaba presidida por un gran palacio y que los dioses se reunían en la sala del consejo, donde cada uno tenía su trono personalizado —obra de Hefesto—: Zeus, de mármol negro y decoración de oro; Hera, de marfil; Poseidón, de mármol verde y gris decorado con figuras marinas; Démeter, de malaquita con espigas de cebada y cerdos dorados; Hefesto, de metales y piedras preciosas; Atenea, de plata; Afrodita, de plata con berilio y aguamarina; Ares, de bronce decorado con calaveras; Apolo, de oro pulido; Ártemis, de plata forrada con piel de lobo; Hermes, de roca gris, y Hestia, de madera.

oráculo. Un oráculo es la respuesta que dan los dioses a una pregunta. Esta respuesta puede materializarse de diferentes maneras: a través del éxtasis de la pitonisa, de señales físicas (como el sonido de una campanilla, por ejemplo) o del resultado de un sacrificio animal. Como las respuestas son a menudo difíciles de interpretar, se hace necesaria la intervención de los sacerdotes para descifrarlas.

Por extensión, se llama «oráculo» al mismo recinto donde se hace la consulta y se recibe la respuesta. El oráculo más famoso del mundo griego era el de Delfos, el santuario del dios Apolo, donde la protagonista era una mujer —la pitia o pitonisa— en estado de éxtasis frenético. También conocemos el oráculo de Amón, el de Dodona y el de Zeus, entre otros.

Paladio de Atenea. La leyenda dice que, en el momento de fundar la ciudad de Troya, una estatua cayó del cielo y los socios fundadores creyeron que era un signo de la aprobación de los dioses —en realidad pertenecía a una historia mucho más dramática—. Aquella estatua divina representaba a la diosa Palas de pie, y poseía propiedades mágicas: preservó a la ciudad de Troya de sus enemigos durante diez años.

Después de este hecho, por toda Grecia comenzaron a aparecer estatuas milagrosas de Palas que, en teoría, defendían las ciudades de sus agresores. Sobre el destino de la estatua original existen muchas versiones.

pica. Es una arma que se parece mucho a una lanza larga, pero que tiene la punta más pequeña.

pira. Hoguera en la que se quemaban los cuerpos de los muertos y las víctimas de los sacrificios.

profecía. Una profecía es una afirmación clarividente sobre el futuro. Es muy diferente de una predicción, porque la predicción se deduce lógicamente por una serie de premisas, pero la profecía no está ligada a ningún razonamiento lógico que permita entender por qué se ha producido aquel resultado.

purificación. La purificación era una ceremonia que se hacía con agua y que eliminaba la impureza producida por haber estado en contacto con cosas consideradas impuras o por haber vertido sangre.

sacrificio. Era el ritual central de la religión griega y estaba dedicado a una divinidad. Se acostumbraba ejecutar en el altar exterior del templo y, generalmente, tenía como víctima a un animal del que se recogía la sangre. También se estudiaban sus entrañas para descubrir el favor o el enojo de los dioses. Si los dioses eran favorables, se descuartizaba al animal y sus huesos limpios, cubiertos de grasa y plantas aromáticas, eran quemados. El humo iba hacia el cielo, que es donde vivían los dioses, y así se establecía el contacto entre el dios y los que hacían el ritual, que eran los que comían la carne cocida. El resto del animal se repartía en partes proporcionales a las jerarquías establecidas.

Sirenas. Las Sirenas eran genios marinos, mitad mujer y mitad pájaro, que vivían en una isla del Mediterráneo. Cuando algún barco entraba dentro de su radio de acción, lo encantaban con su música extraordinaria y le impelían a acercarse peligrosamente a la costa escarpada para que naufragara; acto seguido acostumbraban comerse a la tripulación.

Dos grandes héroes se salvaron de este funesto destino: Jasón, gracias a la música de Orfeo, y Odiseo, gracias a los consejos de Circe.

trípode. Asiento de tres patas. El trípode más famoso de la mitología fue el del oráculo de Delfos, sobre el que reposaba sus posaderas la célebre pitonisa cuando pronunciaba los oráculos. Apolo sentía tanta estima por aquel trípode que muchas veces aparece representado con este como emblema.

vellocino de oro. Es la piel lanuda del carnero alado que Zeus envió para salvar a Frixo, que huía de su madrastra, y que años más tarde justificó la expedición de Jasón y los argonautas.

Índice

Montse Viladevall i Valldeperas es licenciada en Ciencias de la Información y hace años que se mueve dentro del mundo de la creación literaria. Su versatilidad la ha llevado a adentrarse en campos tan diversos como el de la literatura infantil y juvenil, los guiones audiovisuales, la realización de libros de texto y la prensa escrita.

Toni Llacay i Pintat es licenciado en Filosofía y profesor de Secundaria en el IES Domènec Perramon de Arenys de Munt. Es autor de varias obras de literatura infantil y juvenil y de libros de texto de Bachillerato. También ha trabajado como guionista en algunos documentales de televisión y ha dirigido una revista de ámbito comarcal. En 2001 ganó el premio Lo Pisco, convocado por el Colegio Episcopal de Lleida, con la obra escrita en catalán *El geni Bebop*. En la actualidad está desarrollando un innovador proyecto educativo multimedia para una editorial.